中国文化优势十八讲

任初轩 ◎ 编

人民日报出版社 北京

图书在版编目（CIP）数据

中国文化优势十八讲 / 任初轩编 . — 北京：人民日报出版社，2022.3
ISBN 978-7-5115-7273-8

Ⅰ.①中… Ⅱ.①任… Ⅲ.①中华文化－文化研究
Ⅳ.① K203

中国版本图书馆 CIP 数据核字（2022）第 030158 号

书　　　名：	中国文化优势十八讲
	ZHONGGUO WENHUA YOUSHI SHIBAJIANG
编　　　者：	任初轩
出 版 人：	刘华新
策 划 人：	欧阳辉
责任编辑：	宋　娜　刘思捷
装帧设计：	元泰书装

出版发行：人民日报出版社
社　　　址：北京金台西路 2 号
邮政编码：100733
发行热线：(010) 65369509　65369527　65369846　65369512
邮购热线：(010) 65369530　65363527
编辑热线：(010) 65369521
网　　　址：www.peopledailypress.com
经　　　销：新华书店
印　　　刷：大厂回族自治县彩虹印刷有限公司
法律顾问：北京科宇律师事务所　(010) 83622312

开　　　本：710mm×1000mm　1/16
字　　　数：203 千字
印　　　张：17.5
版次印次：2022 年 3 月第 1 版　2022 年 3 月第 1 次印刷

书　　　号：ISBN 978-7-5115-7273-8
定　　　价：48.00 元

代 序

筑牢中华民族伟大复兴的精神支撑

增强文化自觉和文化自信,是坚定道路自信、理论自信、制度自信的题中应有之义。习近平总书记多次强调,文化自信是更基本、更深沉、更持久的力量。从我国国家制度和国家治理体系看,坚持共同的理想信念、价值理念、道德观念,弘扬中华优秀传统文化、革命文化、社会主义先进文化,促进全体人民在思想上精神上紧紧团结在一起的显著优势,为增强文化自觉和文化自信,提供了坚实制度和治理保障。坚持和完善繁荣发展社会主义先进文化的制度,就会使全体人民在理想信念、价值理念、道德观念上紧紧团结在一起,就能为实现中华民族伟大复兴的中国梦提供强大精神支撑。

一个国家,一个民族,要同心同德迈向前进,必须有共同的理想信念作支撑。没有中华优秀传统文化、革命文化、社会主义先进文化的底蕴和滋养，信仰信念就难以深沉而执着。无论过去、现在还是将来，对马克思主义的信仰，对中国特色社会主义的信念，对实现中华民族伟大复兴中国梦的信心，都是指引和支撑中国人民站起来、富起来走向强起来的强大精神力量。我们必须坚持马克思主义在意识形态领域指导地位的根本制度，在全党全社会持续深入开展建设中国特色社会主义宣传教育，不断增强"四个自信"，让理想信念的明灯永远在全国各族人民心中闪亮。

价值观念在一定社会的文化中是起中轴作用的，文化的影响力先是价值观念的影响力。无数楷模树起精神标杆，引领全社会把社会主义核心价值观内化为人们的精神追求、外化为人们的自觉行动。社会主义核心价值观是当代中国精神的集中体现，是凝聚中国力量的思想道德基础。我们必须坚持以社会主义核心价值观引领文化建设制度，加快构建充分反映中国特色、民族特性和时代特征的价值体系，为国家治理提供源源不断的价值滋养。

重莫如国，栋莫如德。提高国家文化软实力，一个很重要的工作就是从思想道德抓起，从社会风气抓起，从每一个人抓起。中国共产党领导人民在革命、建设和改革历史进程中，坚持马克思主义对人类美好社会的理想，继承发扬中华传统美德，创造形成了引领中国社会发展进步的社会主义道德体系。持续深化社会主义思想道德建设，才能更好构筑中国精神、中国价值、中国力量。只要中华民族一代接着一代追求美好崇高的道德境界，我们的民族就永远充满希望。

代　序

一个国家、一个民族的强盛，总是以文化兴盛为支撑的，中华民族伟大复兴需要以中华文化发展繁荣为条件。坚定文化自信，牢牢把握社会主义先进文化前进方向，激发全民族文化创造活力，推动社会文明进步和国家发展壮大就有了强大精神力量。

目 录

1. 充分认识培育和践行社会主义核心价值观的重大意义
··郭建宁 / 004

2. 人民需要文艺 文艺服务人民
··陈　晋 / 017

3. 马克思主义和中国传统文化
··陈先达 / 029

4. 着眼民族复兴伟业 推进文化发展繁荣
··王　蒙 / 042

5. 弘扬中华优秀传统文化的根本指引
··陈　来 / 058

6. 通过对话彰显文化自信
··单霁翔 / 077

7. 中华传统文明的思想智慧有利于改善全球治理
··滕文生 / 091

8. 中华民族文明传统和中国共产党
··郑必坚 / 109

9. 为中华民族的文化自信注入新时代的充沛活力
　　………………………………………………………… 沈壮海 / 131

10. 文化自信为中国道路注入强大精神动力
　　………………………………………………………… 商志晓 / 145

11. "两创"：建设社会主义文化强国的重要方针
　　………………………………………………………… 李　军 / 160

12. 在生活实践中传承文化
　　………………………………………………………… 楼宇烈 / 176

13. 努力提炼中华优秀传统文化的精神标识
　　………………………………………………………… 张岂之 / 186

14. 展现优秀传统文化的魅力和活力
　　………………………………………………………… 张颐武 / 203

15. 文化多样化新特点探源
　　………………………………………………………… 陈金龙 / 214

16. 文化兴国运兴
　　………………………………………………………… 李忠杰 / 229

17. 夯实"中国之治"的文化根基
　　………………………………………………………… 孙来斌 / 246

18. 中华优秀传统制度文化的特质
　　………………………………………………………… 郭齐勇 / 259

> 文化自信

以核心价值观引领文化建设制度

　　一个国家，一个民族，要同心同德迈向前进，必须有共同的理想信念作支撑。核心价值观是文化最深层的内核，决定着文化的性质和方向，体现着一个国家、一个民族的文化理想和精神高度。以社会主义核心价值观引领文化建设制度，一个重要目的在于树牢共同理想信念。

　　理想信念是精神之柱、力量之源。在我国革命、建设、改革各个历史时期，中国共产党之所以能够团结带领中国人民战胜一个个艰难险阻，创造一个个人间奇迹，靠的就是共同理想信念的凝聚和鼓舞。理想信念的确立和巩固不是自发实现、一劳永逸的，而是一个长期的、历史的过程。理想信念教育也是一个持续深化的过程，必须把这一教育作为基础性工程、战略性任务，做到常态化开展、制度化推进，将科学理论武装、正确价值引领融入其中，将社会主义核心价值观渗透于内，从而教育引导人民群众坚定对马克思主义的信仰、对中国特色社会主义的信念、对实现中华民族伟大复兴中国梦的信心。

社会主义核心价值观植根于中华文化沃土，熔铸于我们党领导人民长期奋斗的伟大实践，是社会主义先进文化的精髓，是当代中国精神的集中体现，凝结着全体人民共同的价值追求，昭示着中国特色社会主义发展方向和光明前景。坚持以社会主义核心价值观为引领，才能确保文化建设制度朝着正确方向、沿着正确轨道发展和完善，才能推动发展面向现代化、面向世界、面向未来的，民族的科学的大众的社会主义文化。

培育和践行社会主义核心价值观，既需要强化教育引导，又需要加强制度规范、政策保障。如果说理想信念教育侧重于内化生成、通过主体自觉认同实现价值引领，那么完善有关法律政策体系则是强化外在规范、通过制度制定和行为约束来发挥作用。在坚持和完善文化建设制度的实践中，推进社会主义核心价值观的培育和践行，需要坚持依法治国和以德治国相结合，把内化与外化、教育与约束、思想引导与政策保障统一起来。把培育和践行社会主义核心价值观渗透到文化建设制度坚持和完善的各方面、各环节，融入法治建设和社会治理全领域，体现到国民教育、精神文明创建、文化产品创作生产全过程，就能进一步促进社会主义核心价值观内化于心、外化于行。

完善青少年理想信念教育齐抓共管机制，健全志愿服务体系，完善诚信建设长效机制，健全覆盖全社会的征信体系，加强失信惩戒，这些举措都关系社会主义核心价值观的培育和践行，是文化建设制度坚持和完善、价值引领作用强化与彰显的重要领域和重要方面。诚信既是社会主义核心价值观的重要内容，又是文化建设制度体系中必不可少的基础要素。党的十八大以来，以习近平同志为核心的党中央把诚信建设摆在更加重要的位置，作出一系列决策部署，采取一系列重大举措，着力解决诚信方面存在的突出问题，推动诚信建设取得显著成效，讲诚信、重诚信、守诚信的社会氛围日益浓厚。

培育和践行社会主义核心价值观，强化文化建设制度的价值引领，归根结底必须紧紧依靠并不断增强中国特色社会主义道路自信、理论自信、制度自信、文化自信。中国特色社会主义进入新时代，坚持马克思主义在意识形态领域指导地位的根本制度，学懂弄通做实习近平新时代中国特色社会主义思想，以社会主义核心价值观引领文化建设制度，就一定能更好地构筑中国精神、中国价值、中国力量，促进全体人民在思想上精神上紧紧团结在一起。

充分认识培育和践行
社会主义核心价值观的重大意义

郭建宁

党的十八大从坚持和发展中国特色社会主义的高度,提出培育和践行社会主义核心价值观的战略任务。十八大关于"倡导富强、民主、文明、和谐,倡导自由、平等、公正、法治,倡导爱国、敬业、诚信、友善,积极培育和践行社会主义核心价值观"的重要论述,产生极大社会反响,引起全社会的普遍关注。2013年12月23日,中共中央办公厅印发《关于培育和践行社会主义核心价值观的意见》,全面阐释培育和践行社会主义核心价值观的意义、内容、方法、要求,具有重要的指导作用。

社会主义核心价值观是社会主义核心价值体系的内核,体现社会主义核心价值体系的根本性质和基本特征,反映社会主义核心价值体系的丰富内涵和实践要求。积极培育和践行社会主义核心价观，有利于打牢全体人民团结奋斗的共同思想基础，实现社会主义现代化和中华民族伟大复兴；有利于汇集科学发展的强大力量，应对各种挑战与风险；有利于培育安定团结、和谐向上的良好氛围，促进社会和谐；有利于加强道德建设，实现人的全面发展；有利于引领社会思潮，凝聚社会共识，汇集建设中国特色社会主义的强大力量。

一、社会主义核心价值观体现了中国特色社会主义的本质规定。社会主义核心价值观是中国共产党人和中国人民在继承优秀传统文化，借鉴人类文明优秀成果，特别是在革命、建设、改革中逐步形成和发展起来的价值观念和价值追求，反映了社会主义制度的本质属性和价值取向。

中国特色社会主义是社会主义核心价值观的实践基础，社会主义核心价值观是中国特色社会主义的价值目标，对坚持和发展中国特色社会主义具有重要的导向作用。党的十八大提出"三个倡导"，是中国特色社会主义在国家、社会、公民层面的价值反映，凝聚了人民群众的价值追求。倡导富强、民主、文明、和谐，体现中国特色社会主义现代化的价值目标，激励人民实现"两个一百年"的奋斗目标，实现中华民族伟大复兴的中国梦。倡导自由、平等、公正、法治，体现了以人为本、执政为民、民主法治、依法治国，是社会发展的价值导向。倡导爱国、敬业、诚信、友善，体现了中华民族传统美德与社会主义道德的统一，是每个公民应当自觉遵循的道德准则。"三个倡导"反映现阶段全国人民价值认同的"最大公约数"，是社会主义核心价值观的基本内容。社会主义核心价值观体现了我们党的文化自觉与自信，适应了时代进步和社会发展的需要，与中国特色社会主义发展要求相契合，与中华优秀传统文化和人类文明优秀成果相衔接，是坚持和发展中国特色社会主义不可偏离的根本价值追求。

二、社会主义核心价值观是增强民族凝聚力和向心力的纽带。当今世界综合国力竞争日益激烈，全球化数字化信息化网络化不断发展，提出了许多新问题新挑战。我国国内改革发展进入关键时期，各种社会矛盾和问题相互叠加、集中呈现。无论是全面建成小康社会、实现"两个一百年"的奋斗目标，还是面对多样化的社会思潮、多样化的价值判断、多样化的利益诉求，都需要积极培育和践行社会主义核心价值观，凝聚中国力量。中国是一个人口众多、有着56个民族的大国，如何形成强大的凝聚力，是关涉中国特色社会主义发展前景与命运的重大问题。坚持和发展中国特色社会主义需要充分发挥社会主义核心价值观的评价与导向作用、整合与规范功能，增强民族凝聚力向心力，巩固全党全国人民团结奋斗的共同思想基础，激励和引导广大干部群众万众一心，为实现社会主义现代化和中华民族伟大复兴而顽强奋斗、艰苦奋斗、不懈奋斗。

三、社会主义核心价值观是推进全面深化改革的强大正能量。党的十八届三中全会制定了未来改革的路线图，这次全会决定强调促进社会公平正义，使改革发展的成果更多更公平地惠及全体人民，社会主义核心价值观的公平导向，以及人民至上、共同富裕等理念将更加彰显。强调改革以促进社会公平正义、增进人民福祉为出发点和落脚点，回应了老百姓的关切，应对了下一步改革发展的难点和挑战。全体人民共享改革成果的思想，贯穿改革全过程，将激发全面深化改革的强大正能量。让人民满意、为人民造福，应当成为检验改革的根本尺度。必须明确，改革不仅要求效率，也追求公平。今天我们深化改革，一定要把维护社会公平正义作为新的着力点。尤其在当前，要更加注重社会公平，更加关注弱势群体，更加重视共同富裕。要逐步建立以权利公平、机会公平、规则公平、分配公平为主要内容的社会保障体系，努力缓解地区之间和部分社会成员收入分配差距扩大的趋势。要增强发展的包容性和改革的普惠性，让发展和改革的成果更多更公平地惠及全体人民。培育和践行社会主义核心价值观，必将进一步廓清改革的方向、凝聚改革的力量。

　　四、社会主义核心价值观是社会和谐的价值支撑。我国发展正站在新的历史起点上，正面临复杂多变的国际形势和十分艰巨的国内改革攻坚。面对国际上的各种思想文化相互激荡和国内价值观念的多元并存，伴随着全球化、网络化、数字化、信息化和市场经济、商业社会、消费社会、咨询社会的发展，人们思想活动和价值判断的独立性、选择性、差异性和多样性进一步增强。这就迫切需要我们尊重差异、包容多样、坚持重在建设的方针，用交流、疏导、讨论、说服的方法解决思想认识问题，把不同阶层不同人群凝聚起来，在尊重差异中扩大社会认同，在包容多样中形成思想共识，从而汇聚成促进社会和谐的强大合力。社会主义核心价值观所具有的先进性与开放性相统一的特点，将有利于进一步解放思想，开放包容，化解社会矛盾，激发社会活力，维护社会公正，保持社会稳定，促进社会和谐。

五、社会主义核心价值观是国家文化软实力的内核。文化是民族的血脉,是人民的精神家园。实践表明,只有物质文明和精神文明都搞好,国家物质力量和精神力量都增强,全国各族人民物质生活和精神生活都改善,中国特色社会主义才能顺利向前推进。文化软实力,是指与经济力、军事力、科技力相对应的,通过文化载体和文化方式表现的影响和能力。软实力的实质是文化魅力,基本特点是靠自身的吸引力发挥作用,而不是通过强制力发挥作用,是"同化的力量"和"感化的作用"。价值观是文化的内核,社会主义核心价值观是文化软实力的关键,没有社会主义核心价值观,文化建设就失去了魂,没有了方向和引领。我们要牢牢把握社会主义核心价值观这个关键,大力弘扬具有中国风格中国气派的优秀文化,不断增强中华文化的民族性、包容性和时代性,增强中华文化的穿透力、吸引力和感染力,使中华文化更加多姿多彩,使中华文化不断发扬光大。

《人民日报》(2013年12月30日)

★ 拓展阅读

新时代文化哲学研究的使命担当

　　文化哲学研究旨在用哲学思维和视野，以人为主体，研究文化的产生、功能及其发展的基本规律。新的征程上，中国文化哲学研究的使命在于为实现第二个百年奋斗目标、实现中华民族伟大复兴的中国梦提供文化滋养和哲学智慧。

　　坚持中国特色社会主义文化发展道路，塑造文化精神，是新时代中国文化哲学研究的重大课题。中华民族几千年来历经磨难而生生不息，一个重要原因在于有着深厚的文化传统和强烈的文化认同。当今世界正处于大发展大变革大调整时期，面对全球思想文化激荡，我们必须保持清醒头脑，不能"失语"，更不能"他者化"，丢掉本民族文化的主体性，失去自己的精神家园。同时要看到，在经济全球化大背景下，不同民族和地域的文化特点和差异依然存在。正是文化多样性和差异性，构成人类多元多彩的文化生态。让这一文化生态充满活力，离不开文化间的交流互鉴。文化主体性和交流互鉴，是文化发展的根基和路径，也是坚定文化自信、建设社会主义文化强国的前提和基础。实现二者的有机统一，需要以文化哲学研究拓展中国特色社会主义文化发展路径、塑造文化精神。

坚定文化自信，建设社会主义文化强国，是新时代中国文化哲学研究的主题。坚持和发展新时代中国特色社会主义，必须坚定文化自信。党的十九大把中国特色社会主义文化同中国特色社会主义道路、理论、制度一起写进党章，表明我们党对中国特色社会主义的认识更加丰富、系统和完整。文化自信是道路自信、理论自信、制度自信的基础和源泉，是坚持道路自信、理论自信、制度自信的内在依据和必然要求。中华优秀传统文化所体现的世界观、人生观、价值观和审美观，所蕴含的讲仁爱、重民本、守诚信、崇正义、尚和合、求大同等核心理念，已成为中华民族最基本的文化基因和最独特的精神标识。高度重视传承发展中华优秀传统文化，弘扬中华传统美德，是习近平新时代中国特色社会主义思想的一个显著特征。马克思主义中国化不仅需要民族性的形式，更需要民族性的内容。新时代中国文化哲学研究要把握马克思主义中国化的思想特质，在中国社会实践和中华文化传统两个维度上展开，揭示其实践意义和文化意涵。坚定文化自信，是时代标识也是文化共识，既关乎文脉文运也关乎国脉国运。

发挥以文化人功能，需要新时代中国文化哲学研究以培育和践行社会主义核心价值观为出发点和落脚点。坚持和发展新时代中国特色社会主义，实现中华民族伟大复兴的中国梦，不仅需要高质量的经济发展，而且需要高品质的文化生活；不仅需要雄厚的物质基础，而且需要先进文化的引领。文化使人脱离单纯的自然状态，成为具有文化品位、文化格调、文化创造力和吸引力的存在物。发挥文化的这种功能，需要新时代中国文化哲学研究以培育和践行社会主义核心价值观为出发点和落脚点。价值观包含人们对世界、社会、人生等重大问题的总体评价、深入思考和价值共识，影响着人们的思维方式、价值评判和行为规范。价值观是文化的内核，价值观自信是文化自信的灵魂。社会主义核心价值观是中国文化建设的灵魂、方向和引领。文化哲学研究者要加强学理上的研究和阐释，促进以社会主义核心价值观自信增强文化自信，发挥社会主义核心价值观以文化人、立德树人的重要作用，进而把培育和践行社会主义核心价值观融入国民教育全过程，融入人们的生产生活和精神世界，用社会主义核心价值观凝聚社会共识、汇聚强大正能量，坚持和发展具有中国特色、中国风格、中国气派的优秀文化，不断增强中华文化的民族性、时代性、包容性和吸引力、感染力、影响力，更好促进人的全面发展、社会全面进步。

文化传承与创新是新时代中国文化哲学研究的基本内容。一种优秀传统文化只有与时俱进，不断实现创造性转化、创新性发展，才能永葆青春活力。中华优秀传统文化包含以人为本、讲求诚信、强调和谐、重视教育、倡导德治等理念，依然是当代改革开放和社会主义文化建设的宝贵资源。新时代中国文化哲学研究的一项重要使命，就是要搞清楚如何让中华优秀传统文化在创造性转化、创新性发展中始终走在时代前列，既继承民族优良传统又具有鲜明时代特征，既立足中国又面向世界。中国人民具有伟大梦想精神，中华民族充满变革和开放精神。几千年前，中华民族的先民就秉持"周虽旧邦，其命维新"的精神，开启了缔造中华文明的伟大实践。不忘本来才能开辟未来，善于继承才能更好创新。文化是一个国家、一个民族的灵魂。文化兴国运兴，文化强民族强。新时代中国文化哲学研究要在实践创造中进行文化创造，在历史进步中推动文化进步，植根中华文化、不忘本来，加强文化交流、吸收外来，突出文化创新、面向未来，在创造中华文化新辉煌中推动社会主义文化繁荣兴盛。

构建中国话语、讲好中国故事，是新时代中国文化哲学研究的重要任务。进入新时代，我国社会主要矛盾已经转化为人民日益增长的美好生活需要和不平衡不充分的发展之间的矛盾。新时代中国文化哲学研究要坚持以人民为中心的发展思想，不断丰富人民的精神世界，努力满足人民的精神需要。还要看到，构建中国话语、讲好中国故事，也是中国文化哲学研究的重要任务。改革开放以来，我国已成为世界第二大经济体，综合国力和国际影响力大幅提升。如何将我国发展优势转化为话语优势，是摆在新时代中国文化哲学研究面前的一项重要任务。我国文化哲学研究者要主动设置议题，提出中国方案，彰显中国智慧，向世界推介中国的思想成果和学术贡献，讲好中国的学术理论、学术思想、学术话语，让世界知道"学术中的中国""理论中的中国""哲学社会科学中的中国"，让世界知道"发展中的中国""开放中的中国""为人类文明作贡献的中国"，不断提升中华文化整体实力和国际竞争力。

文化自信

树立和增强文化自信

树立和增强文化自信,关系民族精神状态和社会精神风貌,关系社会主义现代化强国和中华民族伟大复兴中国梦的实现。那么,文化自信从哪里来?我们应当如何树立和增强文化自信?

从不断促进中华优秀传统文化创造性转化、创新性发展中树立和增强文化自信。一个民族的文化自信与其传统文化有着密切关系。丰厚的、创造过辉煌历史的文化遗产,是一个民族文化自信的重要依据。中华民族拥有五千多年文明史,我们的祖先以其特有的勤劳和智慧创造了灿烂的文化,留下了丰富的精神遗产。这是我们树立和增强文化自信的重要来源。

中华优秀传统文化不是失去生命的历史文物,也不是只需原封不动地传下去的"传家宝",而是取之不尽的文化富矿。

当前，它仍然存在于人们的现实生活和心灵世界里。我们不仅要从中汲取文化滋养，而且要努力促进其创造性转化、创新性发展，让这份遗产焕发新的生命力，成为当代中国文化肌体的重要内容。所谓创造性转化，是指按照时代特点和要求，对传统文化中具有时代价值的内容和形式加以改造，赋予其新的时代内涵和现代表达形式。所谓创新性发展，是指按照时代发展的要求，对中华优秀传统文化的内涵加以补充、拓展、完善，为其增添新的内容。传统文化的创造性转化和创新性发展，有利于增强中国人的文化自信。

从正确看待中国特色社会主义伟大事业的巨大成就中树立和增强文化自信。中国特色社会主义伟大事业的蓬勃发展和巨大成就，不仅增强了中国人的社会主义信念，也使世界上向往社会主义的人们增添了信心。在中国特色社会主义伟大事业中，一个很重要的部分就是中国特色社会主义文化。它既是中国特色社会主义伟大事业的文化体现，又对中国特色社会主义伟大事业起着引领和推动作用。

伴随着中国特色社会主义伟大事业的不断推进和发展，中国特色社会主义文化也在不断发展与进步。尤其是随着中国特色社会主义道路的确立，我们找到了中国特色社会主义先进文化发展道路，那就是坚持为人民服务、为社会主义服务的方向，坚持百花齐放、百家争鸣的方针，推动中华优秀传统文化创造性转化、创新性发展，坚持贴近实际、贴近生活、贴近群众的原则，建设面向现代化、面向世界、面向未来的，民族的科学的大众的社会主义文化。培育和践行社会主义核心价值观是中国特色社会主义文化建设的重大战略任务，也是当代中国人文化自信的重要来源。经过长期探索，从构建社会主义核心价值体系开始，我们形成并明确了社会主义核心价值观的基本内容，在全国大力培育和践行社会主义核心价值观。这进一步增强了我们的价值观自信和文化自信。

从努力实现文化事业与文化产业双轮驱动、比翼齐飞中树立和增强文化自信。中国特色社会主义文化建设是一个系统工程，大体上可分为文化事业和文化产业两个基本方面。这两个方面犹如车之两轮、鸟之双翼，相辅相成、缺一不可。我们党从战略高度和全局视野，制定推动社会主义文化大发展大繁荣的战略方针，作出全面部署，促进了文化的繁荣发展。

党的十八大以来，我们坚持社会主义先进文化前进方向，坚持把社会效益放在首位、社会效益和经济效益相统一，深化文化体制机制改革，在推动文化事业全面繁荣、文化产业快速发展方面取得显著成效。我国哲学社会科学、新闻出版、广播影视、文学艺术事业不断发展；公共文化建设全面加强，公共文化服务体系不断完善、服务效能不断提高；文化和科技进一步融合，新型文化业态得到发展，文化产业的规模化、集约化、专业化水平不断提高,日益成为国民经济的支柱产业;文化治理体制和文化生产经营机制进一步完善,现代文化市场体系不断健全,文化市场进一步繁荣;文化领域进一步对外开放,文化走出去战略取得实质性成效;等等。所有这些都壮大了我国文化软实力,提升了我国文化竞争力,为我们树立和增强文化自信提供了源源不断的动力。

人民需要文艺　文艺服务人民

陈　晋

习近平总书记在 2014 年文艺工作座谈会上的重要讲话，深刻阐述和科学回答了在新的历史条件下，如何繁荣发展社会主义文艺的一系列重大问题。这个重要讲话根据现实文艺工作的时代背景和文艺工作在发展中存在的实际问题，提出了新的要求，指明了前进方向，由此丰富和发展了马克思主义文艺观和社会主义文艺理论。

"为了谁"的问题始终是文艺创作和发展最根本的问题。延安时期文艺界内部的争论，当今文艺界出现的一些不尽如人意的现象，根子都在"为了谁"这个问题上出现了困惑。所谓"为了谁"，说到底是文艺和它的接受对象的关系，是文艺创作的出发点和落脚点的问题。从马克思提出，一切精神文化产品只是而且应该是人民日常思想和感情的表达，"人民历来就是作家'够资格'和'不够资格'的唯一判断者"；到毛泽东同志提出，文艺为"最广大的人民大众"

服务，并且首先是"为工农兵而创作，为工农兵所利用"；再到邓小平同志、江泽民同志、胡锦涛同志和习近平总书记都强调，坚持以人民为中心的创作导向，申明"社会主义文艺，从本质上讲，就是人民的文艺"。我们可以看到，马克思主义者在文艺"为了谁"这个根本问题上，一以贯之的鲜明态度和与时俱进的发展脉象。

然而，在新的历史条件下，一些文艺家如果只是把文艺创作作为安身立命的职业来看待，免不了深入市场经济大潮。职业和事业的区别，在于格调、品位和境界的高低。低了，势必把迎合与趋从当成立身的准则，就会把低俗当通俗，把欲望当希望，把单纯感官娱乐当精神快乐，由此产生的作品，难免散发铜臭气，从根本上远离了艺术的本质，最终将远离人民。但如果把文艺当作一种事业，当作一种使命，即使在市场经济面前，也会脱颖而出，进而找到并确认以人民为中心的创作方向。

那么，有格调、有品位、有境界的创作追求，将是一番怎样的景象呢？或者说，怎样才能创作出人民需要的文艺呢？

在创作立场上，要把爱国主义作为文艺创作的主旋律，增强做中国人的骨气和底气。

爱国主义是当今中国最大的共识，是社会主义核心价值观的重要内容，也是人民群众最深沉最基础的情感本色。爱国主义立场，就是人民的立场。脱离了这一点，也就失去了中国文艺工作者的根本立场和创作前提，进而也失去了同人民的本质联系。近年来，确有一些回避崇高价值观的追求，丑化群众生活、恶搞英雄人物、颠覆历史常识、贬低经典作品、盲目照搬西方理念的现象。文艺总是要呈现和反映出国民精神的状态。如果文艺家的创作让人觉得作为中国人很难堪,很自卑,很没有底气,那就等于抽掉了中国人的魂魄,人民群众为什么还需要那样的作品呢?正如马克思所说,人民只有在作品中看到自己思想、感情和希望的表达,"看到自己这种本质"得到了反映,才会把精神文化的创造当成自己的事业表示欢迎,并发表自己的看法。如果人民在作品中感受不到自己的影像和本质,就会把它当作"某种无关重要的和不值一看的东西"。

在创作途径上,哪怕有一百条、一千条路可走,但最根本、最关键、最牢靠的还是扎根人民、扎根生活。

这个论断很实在,也很果决,道出了人们容易淡忘和忽视的创作规律。深入人民,深入生活,是毛泽东同志《在延安文艺座谈会上的讲话》着力提倡的创作途径,在那以后,以赵树理、柳青等为代表的一批文艺家创作的人民文艺,曾经呈井喷式的迸发,有的演员为了出演一个哪怕戏词不多的角色,也会到相应的环境中同人民群众生活几个月。重申这样的创作途径,是因为这样的情况已经极为罕见了。由此出现抄袭模仿、千篇一律,机械化生产、快餐式消费的创作,也就不足为怪了。当今文艺有高原而没有高峰,根子也在这里。文艺创作虽然需要张扬个性、独显风格、不断创新,但任何个性和创新,都要遵循艺术的基本规律,最终都逃不过扎根人民和生活这个理儿。艺术的高原从来都矗立在深厚广袤的人民和生活的土壤之中,更何况耸立在高原上的高峰呢?当然,并不是说只要走进人民,走进生活,就能出好作品。如果是走马观花甚至是跑马观花地对待生活实践,也只能写出浮光掠影的一般性作品。所谓扎根生活、扎根人民，根本上是要求真正沉下心来观察、体验、研究、分析人民群众的生动活泼的生活形态、思想感情，以及文学艺术的原始材料，并且要具持正确和科学的立场、观点和方法。

在创作方法上，应该用现实主义精神和浪漫主义情怀观照现实生活。

实践证明，任何具有崇高美的、启发人们向善向上的作品，事实上都是把现实精神和浪漫情怀这两样东西结合得比较出色的。所谓现实主义精神，就是要直面时代和实践，以科学的态度和真实的笔触去抒写人民在特定历史条件下的创造活动。所谓浪漫主义情怀，就是在现实中发掘出真善美，用光明驱散黑暗，用美善战胜邪恶，给人民以奋进的力量，让人民看到光明的未来。真正伟大的现实主义文艺家，对生活，对社会，对民族，对国家，对人民，是不会丧失信心的，总是会在哪怕不尽如人意的生活中，发掘和展示真善美，传播和激发正能量，从而在入木三分的还原生活的真实描写中，想象着未来，进而给人民以希望，让人民看到前途。同样，真正伟大的浪漫主义文艺家，绝不会只仰望星空，而不低头看看自己脚踩的大地，更不会突发奇想地想象着能够扯着自己的头发离开地球。其想象的形式或许天马行空，但这空间不会是自我陶醉、自我封闭的内心世界，其精神思想的翅膀，总发端于并且借助于现实生活的支撑，背后依然是浓郁的现实情结，表达着对现实生活难以割舍的关怀和态度。

在创作的文化渊源上，要结合新的时代条件传承和弘扬中华优秀传统文化，传承和弘扬中华美学精神。

中华优秀传统文化是中华民族的精神命脉，是涵养社会主义核心价值的重要源泉，也是我们在世界文化激荡中站稳脚跟的坚实根基。这里需特别提到的是，中华优秀传统文化中的人民性，是当今文艺不可或缺的精神资源。传统文化中有大量人民性的思想精华，毛泽东同志曾经从中国教育史的角度做过集中概括："中国教育史有人民性的一面。孔子的有教无类，孟子的民贵君轻，荀子的人定胜天，屈原的批判君恶，司马迁的颂扬反抗，王充、范缜、柳宗元、张载、王夫之的古代唯物论，关汉卿、施耐庵、吴承恩、曹雪芹的民主文学，孙中山的民主革命，诸人情况不同，许多人并无教育专著，然而上举那些，不能不影响对人民的教育，谈中国教育史，应当提到他们。"文艺作品是通过艺术形象来影响、引导和感染人民的，本质上属于广义上的教育。中国文化里面就有一个诗教传统，就是通过读诗、诵诗、学诗，来传承优秀文化，涵养修身立世的品格。习近平总书记2014年9月考察北京师范大学时，公开表示很不赞成把古代经典诗词和散文从课本中去掉，就是重视这种诗教传统。因此，在处理与传统文化的关系问题上，我们既要大胆继承，体现中国作风、中国气派，传承和弘扬中华美学精神，但也不能厚古薄今、以古非今，而是要努力实现中华优秀传统文化的创造性转化、创新性发展，使之与现实文化精神相融相通，这才是人民群众需要的文艺。

这里涉及如何借鉴现代西方各种各样的文化资源的问题。毫无疑问，从文艺发展规律的角度讲，任何既成的文化，只要有用，只要能够有利于科学反映现实生活，都需要继承和借鉴。但任何继承和借鉴，依然离不开当下的人民生活的土壤，离不开人民在自己的长期文化传统的熏染过程中，形成的欣赏习惯和美学精神。他山之石固然可以攻玉，但人民在自己的文化传统中喜欢的玉，却不只是靠他山之石就能够打磨得像模像样的。相反，照搬现代西方的思想精神来进行创作而出现水土不服的情况，我们并不罕见，可以说是多有常有。所谓水土不服，就是作品常常为人民看不懂，或者只成为小圈子艺术，由此使文艺服务于人民的链条发生断裂。这样，问题又回到了中华优秀传统文化上面来了。所谓中国作风、中国气派，就是中华文化的作风、中华文化的气派，就是中国人对待生活的态度，思考问题的方式，观察、提炼、反映现实生活的审美方式和美学精神，和在此基础上形成的观赏文艺作品的审美习惯。

总的来说，人民需要的文艺作品，就是习近平总书记讲的有筋骨、有道德、有温度的作品。有筋骨，就是有思想立场，有信仰坚持；有道德，就是教人向上向善；有温度，就是情感价值取向上的感染力。坚持以人民为中心的创作导向，实践习近平总书记提出的上述四条创作要求，最终都要落实到这三种作品气质上面。

《人民日报》（2014 年 10 月 23 日）

★ **拓展阅读**

多维度理解把握中国文化

党的十九大报告提出，中国特色社会主义文化，源自于中华民族五千多年文明历史所孕育的中华优秀传统文化，熔铸于党领导人民在革命、建设、改革中创造的革命文化和社会主义先进文化，根植于中国特色社会主义伟大实践。这对中国特色社会主义文化进行了科学界定，深刻揭示了中国特色社会主义文化的本质属性。建设社会主义文化强国，需要多维度理解把握中国文化。

中国文化是具有浓厚的中国特色、中国风格、中国气派，其价值主体是中国共产党和中国人民，其文化内容是中国共产党和中国人民创造的精神成果，具有明确的中国立场。发展中国文化、建设社会主义文化强国，要突出中国特色，体现中国共产党、中国人民的文化主张。

每一种文化都有自己的根脉，中国文化的根脉是中华民族在五千多年历史中所孕育的中华优秀传统文化。这是中国文化的基因，是滋养中国文化的沃土，也是中国文化的特色和优势。中华文明是世界上唯一没有中断的古老文明，在数千年的历史中以强大的生命力顽强坚韧地发展着，创造了人类文明发展史上一个又一个辉煌。中国共产党是中华优秀传统文化的继承者和弘扬者，历来十分重视中华优秀传统文化的作用。建设社会主义文化强国，就要主动地激活中华优秀传统文化，使其成为发展中国文化的内在滋养。而要做到这一点，必须高度重视对中华优秀传统文化进行创造性转化、创新性发展。中国文化是党领导人民在革命、建设、改革中创造的，根植于中国特色社会主义伟大实践。中国文化是中国道路、中国理论、中国制度在文化层面的体现，彰显着中国精神、中国价值、中国力量，反映了当代中国人的思想理念和道德规范。这决定发展中国文化必须摒弃那种"以洋为尊""以洋为美""唯洋是从"的错误观念。

中国文化是社会主义性质的文化，而不是其他性质的文化，这是在文化性质方面具有的内在规定性。社会主义文化是比资本主义文化、封建主义文化更先进的文化形态。发展中国文化、建设社会主义文化强国，要牢牢把握社会主义的本质属性，不断坚定文化自信。

中国文化熔铸于党领导人民在革命、建设、改革中创造的革命文化和社会主义先进文化。无论是革命文化还是社会主义先进文化，都属于社会主义性质的文化，是中国共产党领导中国人民在革命、建设、改革实践中不断形成和积淀起来的精神成果。同时，中华优秀传统文化在经过创造性转化、创新性发展后，也是与中国特色社会主义相适应的。社会主义性质决定中国文化始终坚持为人民服务、为社会主义服务，是以人民为中心的文化。中国文化之所以始终保持社会主义性质，是因为它始终坚持以马克思主义为指导，代表人类先进文化的前进方向。因此，发展中国文化、建设社会主义文化强国，必须始终坚持以马克思主义为指导，这是中国文化区别于其他性质文化的根本标志。离开马克思主义的指导，偏离社会主义的性质，即使文化产品生产得再多，也不能说建成了社会主义文化强国。

中国文化是中国特色社会主义伟大实践的生动反映，也是推动中国特色社会主义伟大实践的精神动力。根据马克思主义的基本观点，社会存在决定社会意识，社会意识又反作用于社会存在。文化作为一种社会意识，归根到底是社会存在的一种反映。中国文化作为一种观念和精神层面的东西，归根到底是中国特色社会主义伟大实践的反映，又反作用于中国特色社会主义伟大实践。发展中国文化、建设社会主义文化强国，要牢牢把握其实践精神，使精神文明和物质文明协调发展。

党的十八大以来，以习近平同志为核心的党中央解决了许多长期想解决而没有解决的难题，办成了许多过去想办而没有办成的大事，推动党和国家事业取得历史性成就、发生历史性变革，中华民族迎来了从站起来、富起来到强起来的伟大飞跃。正是在中国特色社会主义事业的大发展中，中国文化迎来了大发展大繁荣；中国文化的大发展大繁荣，又促进中国特色社会主义事业大发展。新的征程上，发展中国文化、建成社会主义文化强国，既要从实践中获取文化发展源源不断的动力，又要让文化发展成为改革发展的不竭精神动力。

>> **文化自信**

马克思主义和中华文明相融相通

在近代中国最危急的时刻,中国共产党人找到了马克思列宁主义,并坚持把马克思列宁主义同中国实际相结合,用马克思主义真理的力量激活了中华民族历经几千年创造的伟大文明,使中华文明再次迸发出强大精神力量。这揭示出马克思主义与中华文明的内在联系,指明了历史和人民选择马克思主义的深层逻辑。

马克思主义是中国共产党人理想信念的灵魂,中华优秀传统文化是中华民族的精神命脉。中华优秀传统文化中的许多思想与马克思主义相融相通。例如,儒家讲的"行""躬行"与马克思主义实践观之间,中国哲学关于相反相成、物极必反的学说与马克思主义唯物辩证法之间,以及中国传统"大同社会"理想与社会主义、共产主义远大理想之间,都有契合之处。这为马克思主义在中国的传播与发展、为中国人民接受和选择马克思主义提供了重要思想文化基础。马克思主义与中华优秀传统文化的融通和结合，促进了马克思主义在中国的传播，不断推动马克思主义中国化，使马克思主义及其中国化最新成果成为指引中国革命、建设、改革的强大思想武器。

中国共产党的历史，就是一部不断推进马克思主义中国化的历史，就是一部不断推进理论创新、进行理论创造的历史。1938年10月，毛泽东同志在党的六届六中全会所作的政治报告中，首次提出"马克思主义中国化"的命题，指出"离开中国的特点来谈马克思主义，只是抽象的空洞的马克思主义"，强调马克思主义与中国实践相结合。推进马克思主义中国化，必须立足中国社会实践和中华文化传统。如何坚守中华文化立场，从延续民族文化血脉中开拓前进，激发中华文化生命力，为实现中华民族伟大复兴的中国梦提供充沛精神动力，是推进马克思主义中国化的重大课题。

文化是民族生存和发展的重要力量。中华民族在几千年的历史发展进程中遇到无数艰难困苦，但都挺过来、走过来了，其中一个很重要的原因是培育和发展了独具特色、博大精深的中华文化，为中华民族克服困难、生生不息提供了强大精神支撑。中华优秀传统文化是中华民族的根和魂，是中华民族的突出优势，是我们在世界文化激荡中站稳脚跟的根基。中国共产党人是马克思主义的忠诚信奉者、坚定实践者，既是中国先进文化的积极引领者和践行者，又是中华优秀传统文化的忠实传承者和弘扬者。推进马克思主义中国化，要推动中华优秀传统文化创造性转化、创新性发展，把坚持和发展马克思主义同弘扬中华优秀传统文化有机结合起来。

习近平总书记强调："我们要特别重视挖掘中华五千年文明中的精华，把弘扬优秀传统文化同马克思主义立场观点方法结合起来，坚定不移走中国特色社会主义道路。"中国特色社会主义进入新时代，以习近平同志为核心的党中央把文化建设提升到一个新的历史高度，把文化自信和道路自信、理论自信、制度自信并列为中国特色社会主义"四个自信"，把坚持马克思主义在意识形态领域指导地位的制度确立为中国特色社会主义制度体系的一项根本制度，把坚持社会主义核心价值体系纳入新时代坚持和发展中国特色社会主义的基本方略，推动中华优秀传统文化创造性转化、创新性发展，继承革命文化，发展社会主义先进文化，不断铸就中华文化新辉煌，建设社会主义文化强国。在这一过程中，马克思主义因充分汲取中华优秀传统文化的特质和精华而更加具有中国特色、中国风格、中国气派，中华优秀传统文化因马克思主义的真理力量而具有新的时代特征、时代精神、时代内涵。

马克思主义和中国传统文化

陈先达

目前传统文化研究和宣传热潮高涨，儒学重新成为显学。有些理论工作者感到迷茫，坚持以马克思主义为指导的方针是否发生变化？有些极端的儒学保守主义者误判形势，拔高之论迭出。意识形态领域陷于两难：似乎强调坚持以马克思主义为指导，就是贬低以儒学为主导的中国传统文化；反之，则应放弃马克思主义指导地位，重走尊孔读经、以儒治国的老路。这种非此即彼、冰炭不可同炉的看法，理论上是错误的，实践上是有害的。

只有以马克思主义为指导，才能变革中国社会

近代中国革命历经失败，实现中华民族复兴这个伟大任务最终落在中国共产党的肩上。中国这个"旧邦"要复兴，中华民族要改

变自己的命运，不可能再沿着过去改朝换代的老路走，沿着历史上尊孔读经的老路走。

中国社会主义制度的建立是社会形态的根本变化，这是中国历史上几千年未有的大变化。秦始皇统一中国之后的2000多年，中国历史的变化本质上是同一社会形态内部的变化。王朝易姓，改朝换代，都没有改变中国社会形态的本质。经济结构、政治结构、文化结构当然有变化，但都具有同一社会形态的历史继承性和延续性。在中华民族的开化史上，有素称发达的农业和手工业，有许多伟大的思想家、科学家、发明家、政治家、军事家、文学艺术家，有丰富的文化典籍；历史上出现过儒、释、道的相互吸收，也出现过新儒家，但儒学道统始终未变。在2000多年中，孔子是王者师，是素王，这个至高无上的圣人地位没有因为王朝易姓而发生根本变化。新王朝依然尊孔读经，依然看重儒家学说作为维护社会正常秩序和统治合理性的首要思想功能。

中国共产党成立的首要任务是革命，建立一个和历代王朝不同的社会主义新中国。这一重任，从思想理论指导角度说，只有马克思主义才能担当起来，因为其是关于社会形态革命的学说。它的辩证唯物主义和历史唯物主义哲学、劳动价值论和剩余价值学说、以阶级斗争和无产阶级专政为核心的科学社会主义学说，是一个严整、科学的思想理论体系。只有它才能为中国共产党解决中国问题提供指导，为成为半殖民地半封建的中国找到一条民族复兴之路。中国民主革命的胜利，就是马克思主义与中国实际相结合的胜利。这条道路是通过武装斗争，以千百万人的流血牺牲探索出来的。这是一条推倒既有社会秩序、等级、法统、道统的"犯上作乱"、革命造反之路,是与儒家和新儒家倡导的修齐治平、内圣外王、返本开新迥异的道路。

中国共产党运用马克思主义基本理论和方法,结合中国实际才逐步弄清社会主义初级阶段生产力与生产关系、经济基础与上层建筑的关系,解决什么是社会主义、怎样建设社会主义问题,找到建设中国特色社会主义之路。中国特色社会主义道路、理论体系、制度、文化的建设,就其指导思想来说都是马克思主义,是马克思主义和中国实际的结合。

只有继承中国优秀传统文化,马克思主义才能在中国取得胜利

中国要革命和变革,就必须以马克思主义为指导,但它又不能取代中国传统文化。中国共产党人历来关注文化建设和中国传统文化教育。毛泽东同志在《中国共产党在民族战争中的任务》一文中指出,"从孔夫子到孙中山,我们应当给以总结,承继这一份珍贵的遗产。这对于指导当前的伟大的运动,是有重要的帮助的。"从孔夫子到孙中山给以总结,承继这一份珍贵遗产,这个任务仍然任重而道远。

马克思主义的强大力量就在于它与中国实际的结合,其中包括与中国历史和传统文化的结合。中国共产党是中国的共产党,是在中国建设社会主义。它们均植根于具有深厚历史传统和文化传统的

中国，必须重视中国的历史和文化遗产，重视中国传统文化尤其是儒家学说对中国社会结构、民族性格、人的思想和价值观念的深刻影响。马克思主义要在思想和情感上为中国先进知识分子和以农民为主的中国人民所接受，就必须植根于中国的历史和文化。中国革命需要马克思主义，中国文化和历史传统能够接纳马克思主义。

新中国成立后需要解决的问题很多，包括社会生活各个领域，尤其是在精神文明建设方面、在软实力建设方面，单凭马克思主义作思想理论指导，而不充分发掘、吸取与运用中华民族丰富的文化资源来进行社会治理、人文素质培养、道德教化，是不可能完成的。如果说，认识和处理马克思主义与中国传统文化的关系，在以军事斗争为中心的武装夺取政权时期还不太急迫，那么革命胜利以后，随着社会主义建设的发展，特别是随着社会转型期道德、信念、理想、价值中出现某种程度的紊乱，就成为一个非常急迫的问题。

"攻守易势"和"马上得天下，不能马上治之"，是中国历史的两条重要经验。在革命时期，中国共产党处于攻势，主要任务是推翻旧中国和改变旧秩序，夺取政权；中国共产党掌握政权后，就不仅要破，还必须立。现在我们是当政者，处在时刻"被攻"的地位。国家治理如何，社会秩序如何，人民生活如何，环境状况如何，全国人民都望着中国共产党，都要由当政者来负责。从这个角度说，取得全国政权就是"攻守易势"的开始。

"马上得天下，不能马上治之"。正心诚意修齐治平，不是中国革命胜利之路，却是取得政权后当政者的修养和为政之道。以儒家学说为主导的传统文化包含丰富的治国理政、立德化民智慧。要研究中国历史上治国理政的经验和中国传统文化,尤其是儒家学说中注重社会和谐和民本的治国理政智慧,研究如何立德兴国、教民化民。正是从这个认识基点出发,我们党才强调全面依法治国的重要性,强调中国传统文化中优秀治国理政智慧的重要性,大力倡导弘扬社会主义核心价值观,构建社会主义和谐社会,实现"马上"夺权到"马下"治国的精彩转身。中国特色社会主义建设就是在不断总结经验中发展和前进的。

《人民日报》(2015年7月9日)

★ 拓展阅读

合理吸收中华传统家训家规的精华

在中华传统文化中,家训家规集中体现了一个家庭,甚至一个家族的行为规范和道德准则。传承弘扬中华民族传统家庭美德,可以合理吸收中华传统家训家规的精华,并推动其创造性转化、创新性发展,为形成新时代的良好家教和家风提供丰厚滋养。

"家风"一词较早见于魏晋南北朝,唐朝以后大量使用。东晋玄学家袁宏提出"有家风化导然也"之说,认为家风的作用是"化导",即教育引导。我国古人把家风教育作为教育的初始阶段,强调"昔称幼学,早训家风""自童子耳熟家训""少习家训,长得名师"。北周文学家庾信在《哀江南赋》序中说,"潘岳之文章,始述家风;陆机之辞赋,先陈世德",把家风世德作为文学作品优先考虑的题材。当时的大家族皆以"世守家风"为要务。唐、宋以后,家族形态有所变化,但仍重视家风的传承。古人多以清白形容家风,如柳宗元句"嗣家风之清白"等。

在我国古代，家风的传承往往是与家训家规结合在一起的。家训家规是一种以家庭为范围的教育形式，我国历史上以家训为名的著述在南北朝就已出现，之后绵延不断，直至晚清和民国，是我国教育文化的一个重要方面。我国古代刊印流传的家训作品，数量多、历史久、影响大，是中华传统文化的重要组成部分。大体说来，我国古代家教文化作品，以家训为名者居多，以家规等为名者相对少一些。在古代文化的知识分类中，成文的家训家规属于子部儒家类礼教之属；在成文的家训家规以外，还有家族内口传的不成文的家训家规。二者都促成了优良家风的形成，在历史上发挥着重要作用，共同构成中华民族的家教文化。一般说来，家训表达一个家庭的基本价值观，家规是家庭关系与活动的具体规范，二者常常互通互见；家风则体现家庭的整体道德风貌。

家训家规是我国古代以家庭为范围的道德教育形式，也是中华道德文化传承的一种方式。我国历史上流传下来的家训家规，始作者多是文化名人或有名的官员，社会影响较为广泛。这些家训家规的功能远远超出对本家族的教育作用，而成为社会教育的一种独特形式，为社会提供了家庭教育范本和楷模。尤其是这些家训家规对其家族的繁衍发展起到了重要保障作用，容易引起后世更多人的关注和效法，从而使得这些家族内的训规成为道德教育的普遍教材。正如王锡爵家训序所说，"一时之语，可以守之百世；一家之语，可以共之天下"。

我国古人早就提出，治家的关键是不能"有爱无教""有爱无礼"，强调"以义方训其子，以礼法齐其家"（司马光《家范》），对妻子儿女都要教之以礼、训之以义;主张"人之爱子,但当教之以孝悌忠信……明父子、君臣、夫妇、昆弟、朋友之节"(陆九韶《家制》)。家规严谨、家风朴厚、家教严正,是古代士大夫的治家理想,对今天领导干部管好家庭、管好子女也有启示意义。古代家训不只强调以五伦为中心的规范规矩,也强调道德修养,推崇忠孝节义、尊尚礼义廉耻。例如,张之洞的家训便始于"治家"而终于"修身"。很多家训重视为官之德,也重视常行之德。金华胡氏家训"为官当以家国为重,以忠孝仁义为上",杨慎遗训"临利不敢先人,见义不敢后身",张氏家训"一言一行,常思有益于人,唯恐有损于人"等,至今脍炙人口。

俗语云:国有国法,家有家规。家训家规的首要功能是"齐家",即对家庭进行有序治理,重视其规范功能。在儒家传统中,修身是齐家的基础,齐家又是治国平天下的前提。《周易》的《家人》卦说"正家而天下定矣",一个人不能治家也就难以治国。家训家规的另一个重点是"修身",即家训家规不仅提供行为规范、重视约束,更强调道德修身、德性养成,把家庭作为道德训练和培养的基本场所,认为有了在家庭中培养起来的道德意识作为基础,就可以推之于社会实践的其他范围。《颜氏家训》说制定家训的宗旨是"整齐门内,提撕子孙",整齐门内就是齐家治家,提撕子孙就是道德训导。家训家规都是家教的具体形式,家风则不是形诸文字的具体训导,而是一种文化,是在家庭实际生活中形成并传承的一种风尚。家训家规是有形的规范,家风则是无形的传统。在实际生活中,家风的形成、传衍有赖于家训家规的传承发扬。

家庭是社会的细胞。古代家训家规的出发点是维护家庭和家族的有序和谐与繁衍发展，其实际教育功能包括树立基本价值观、培养道德意识、造就人格美德。这使得它们成为古代以礼为教道德文化的重要组成部分，也成为中华道德文化传承在社会层面的保证。批判地继承和弘扬这一具有特色的历史文化遗产，具有重要现实意义。我国古人的家教特别重视道德养成和价值观引导，尤其突出传统美德教育。这些都是值得重视的经验，应当继承发扬。当然，由于历史的局限，有些家训家规的内容已经过时。对待古代家训家规，我们应取其精华、去其糟粕，批判地继承和弘扬。

>>> **文化自信**

文化自信与民族自强

　　民族是文化的主体,文化是民族的灵魂。一个拥有优秀传统文化的民族具有顽强的生命力,即使遭受重创也能浴火重生。但文化发挥作用不可能脱离作为文化载体的社会整体。文化是社会的构成要素,是以经济为基础、以政治为核心的上层建筑中的观念形态。一个民族的盛衰兴亡,不是单纯取决于文化,而是取决于一个国家的综合实力。

　　在当代中国,文化自信必须落实到民族自强和国家发展上,落实到中国特色社会主义建设上。创新、协调、绿色、开放、共享的新发展理念,就包括经济、政治、文化、社会、生态的总体性思考。如果不以经济建设为中心,经济停滞、民生凋敝,文化自信就会成为一句空话;而没有全面发展,经济一马奔腾,也不可能持续发展。因此,应使文化自信融入理论自信、道路自信和制度自信，成为一种精神支撑。文化自信，说到底就是民族自信、国家自强和社会发展。

无论世界史还是中国史、无论古代史还是近代史都证明，作为民族文化载体的社会经济力量、政治制度和军事力量一旦落后，仅凭曾经拥有的优秀传统文化是难以维护国家生存和民族独立的。例如，古希腊罗马时期野蛮人入侵，西亚北非那些曾经拥有灿烂文化的庞大帝国的分裂，致使古代文物被掠夺、文化遗址遭破坏，一时辉煌的文化变成了文化碎片。中国是四大文明古国中唯一没有中断文明发展的国家，这不单纯是因为文化发达，也与中国长期拥有发达的农业和手工业，有一套逐步成熟的政治架构和中央集权的郡县制度紧密相关。尽管在长达几千年的历史中，中国有过多种政权的并存，也有过不同民族处于统治地位，但中国始终作为一个独立、强大、统一的国家而存在。国家不亡、民族不分裂，文化才不会变成与文化主体相脱离的"游魂"。

一个国家的传统文化相对于经济和政治发展来说，是一个相对恒定的力量，而国家的强大和社会的发展必须依靠人的现实创造。文化是国家繁荣发展的重要因素，但不是决定因素。近代中国的百年屈辱史，就能够说明这一点。第一次鸦片战争，英国侵华兵力仅有15000人。虽然当时中国经济总量在世界上仍处于前列,但由于清政府政治制度腐败,又没有海防力量,结果惨遭失败,被迫签订《南京条约》。第二次鸦片战争,英法联军以区区不足两万人直逼北京,号称"万园之园"的圆明园被付之一炬,无数艺术珍品成为劫灰。近百年来,中国不知道有多少文化瑰宝和精品被掠夺,流落海外。因此,一个国家并不因为单纯拥有优秀传统文化就可以免除民族灾难,综合国力强大才是国家长治久安的根本保障。

中华民族的独立解放并不是传统文化自然发展的产物,而是一百多年来无数革命先烈流血牺牲、前仆后继的奋斗结果。也就是说,主要是革命的结果,是革命推翻了旧的腐朽帝制,推翻了压在中国人民头上的"三座大山"。中国共产党的成立之所以是中国历史上开天辟地的大事,就是因为它深刻改变了近代以后中华民族发展的方向和进程,深刻改变了中国人民和中华民族的前途和命运,深刻改变了世界发展的趋势和格局。正是中国革命的胜利开辟了中华民族伟大复兴的道路,同时也开辟了中华文化伟大复兴的道路。

文化的发展一定要有助于促进中华民族的全面发展,文化自信一定要转化为民族自强、发展自强。现在,我们之所以重视中华优秀传统文化,是因为其中蕴藏着中华民族的智慧、是我们建设中国特色社会主义的思想宝库,而不是出于对传统文化的迷恋和孤芳自赏。如果不立足现实,着眼民族自强和发展自强来增强文化自信、繁荣发展文化,而是片面强调回归传统、回归儒学,那就偏离了中国共产党倡导增强文化自信的初衷。

着眼民族复兴伟业　推进文化发展繁荣

王　蒙

改革开放以来，我国经济快速发展，中国特色社会主义事业全面推进，我国国际地位大大提高。与此相适应，我们的文化视野不断拓展、文化自信不断增强。所有这些，为中华民族伟大复兴提供了前所未有的历史机遇。习近平总书记指出："中华民族伟大复兴需要以中华文化发展繁荣为条件"。这一重要论断，深刻阐明了中华文化发展繁荣对于中华民族伟大复兴的重要意义，也深刻阐明了中华文化发展繁荣的时代使命与责任担当。

推动中华优秀传统文化创造性转化、创新性发展

中华文化化育着中国人生活、规范着中国社会，同时为中国人提供了高远的理想。例如，"大同社会"的观念，体现了中华传统文

化崇尚和谐公正的价值取向;"协和万邦"的观念,与我们今天所说的人类命运共同体理念息息相通;等等。中华传统文化的瑰宝在于它的文化理想与道德理想,在于它的大同思想与整体主义;还在于它的务实性与"此岸性",在于它的自强不息与"苟日新、日日新、又日新"的精神。

长期以来,中华文化的古老与丰富、"郁郁乎文哉"的繁荣与气概是中华民族的骄傲。但近代中国落后挨打、丧权辱国、割地赔款的屈辱,前所未有地打击了中华民族的文化自信与文化尊严。革命思潮从而兴起,如火如荼。五四运动与马克思主义的传入,掀起了"庶民革命"的高潮,也掀起了新文化运动的高潮,带来了马克思主义的中国化、世界先进文化的中国化,表现了中华文化自我调整、自我更新、迎头赶上的愿望与能力。毛泽东思想是马克思主义基本原理同中国革命具体实际相结合的理论成果,同时体现了马克思主义与中华优秀传统文化的有机结合。毛泽东同志指出:"随着经济建设的高潮的到来,不可避免地将要出现一个文化建设的高潮。中国人被人认为不文明的时代已经过去了,我们将以一个具有高度文化的民族出现于世界。"培育这种"高度文化",一个重要环节就是推动中华优秀传统文化创造性转化、创新性发展。

习近平总书记指出:"中国人看待世界、社会、人生,有自己独特的价值体系。中国人独特而悠久的精神世界,让中国人具有很强的民族自信心,也培育了以爱国主义为核心的民族精神。"20世纪后期,社会主义国家纷纷进行改革。但西方一些政要如英国首相撒切尔夫人与美国国家安全事务助理布热津斯基,都只看好中国的改革。他们明确指出，自己之所以看好中国，原因在于中国有着独特的文化。独特的价值体系、独特而悠久的精神世界，使中华文化不会成为其他文化的附庸，而能在独立自主的轨道上实现自我革新和发展。

当然，推动中华优秀传统文化创造性转化、创新性发展，决不能故步自封、闭目塞听，它离不开中华传统文化与世界上其他文化的交流、交融甚至交锋。在这个过程中，应努力避免非理性的排外，或对自身全盘否定、对外来文化简单照搬。对中华优秀传统文化进行创造性转化、创新性发展，就是要实现中华传统文化与现代化的对接，实现中华传统文化对当代科学技术新成就的学习吸纳，实现中华民族传统的道德理想、文化理想与现代民主、法治、文明等理念的对接。

培育和弘扬社会主义核心价值观

社会主义核心价值观的提出，体现了中华优秀传统文化与现代化对接的追求与成果，从中可以看出近代以来100多年中华文化的前进足迹。富强、民主、文明、和谐，自由、平等、公正、法治，爱国、敬业、诚信、友善，这24个字继承了中华优秀传统文化讲仁爱、重民本、守诚信、崇正义、尚和合、求大同的传统，体现了新文化运动提倡的"德先生""赛先生"，包括了我们党一直倡导的爱国主义、社会主义，凝结了改革创新的时代精神。对此我们需要深入研究和领会。

习近平总书记强调,把培育和弘扬社会主义核心价值观作为凝魂聚气、强基固本的基础工程。为什么社会主义核心价值观具有如此重要的意义?

其一,社会主义核心价值观是从中华传统文化最强大的基因中生长出来的。在广大人民心中,长久以来保持着辨别是与非、善与恶、忠与奸、清与贪、诚与伪、美与丑的愿望与尺度。人心可用,传统可取。社会主义核心价值观正是对世道人心的"凝魂聚气、强基固本"。

其二,社会主义核心价值观包含了我们先贤向往的美好愿景,包含了从孔夫子到孙中山的一切志士仁人的奋斗理想,体现了中国共产党人领导广大人民进行革命、建设和改革的根本诉求,即实现中华民族伟大复兴的中国梦。

其三,社会主义核心价值观是中国特色社会主义事业的标志性成果。其文化意义在于,它是中华民族的、社会主义中国的,也是世界的;它是理想的,也是务实的。以社会主义核心价值观为价值导向和行为规范的中国人民,将为世界和平进步与人类幸福作出更大贡献,同时保持并弘扬中华文明的传统特色与精华。

其四,社会主义核心价值观植根于中国人民的切身利益与美好愿望,与中国人民的幸福追求、发展信心、上进愿望融为一体,是生活化、接地气的,是我们每一位公民尤其是青少年自身发展、价值实现与人生幸福的根本保证。

引领与整合文化思潮

习近平总书记指出:"没有先进文化的积极引领,没有人民精神世界的极大丰富,没有民族精神力量的不断增强,一个国家、一个民族不可能屹立于世界民族之林。"对于我们这样一个古老的东方大国而言,在快速发展与转型过程中如何有效引领与整合多样化的文化思潮,是需要认真研究和着力解决的重大课题。

第一,延续几千年的传统文化,尤其是道德文化与哲学文化,仍然有着强大的生命力,有着坚实的民心民意基础,但其中也混杂着一些封建糟粕。

第二,近百年的革命文化,以马克思主义为指导,以艰苦奋斗、英勇献身、联系群众、团结守纪等优良党风政风民风为标志,以井冈山精神、长征精神、延安精神、西柏坡精神等为代表,有着强大示范作用。同时,新形势下我们也面临质疑甚至否定革命文化的挑战。

第三,广义上的现代文化,包括市场经济、民主政治、先进的科学技术与教育模式,以及民主、法治、自由、人权等观念,可以成为社会主义先进文化的重要组成部分,但要辨析其中不符合我国国情的西方观念与制度,避免"食洋不化"。

我们的忧患在于文化发展的片面化与极端化。例如,现在还有人鼓吹"半部《论语》治天下",认为是革命破坏了中华文化。这样的人应该读读《红楼梦》《儒林外史》等。从这些纪实性的小说中可以看出,中华文化的危机早在明朝就已露出了端倪,其根源在于封建专制制度的腐朽没落。正是着眼于推翻封建专制制度的近现代革命,才创造了中华文化的复兴契机,而绝不可以说是革命造成了文化危机。

同样,把社会风气方面存在的突出问题看成改革开放后果的所谓"撕裂"论,也是有害与浅薄的。没有改革开放,哪来的小康社会?哪来的中国特色社会主义文化自信?而把中国的出路寄托于西化、否定传统、否定革命,更经不起历史与现实的检验。

面对多样化的文化思潮,我们应发挥古老的中华文化智慧,总结中国共产党成立以来、新中国成立以来的文化建设经验,以革命文化、社会主义先进文化为引领,以中华优秀传统文化为资源,以现代文明元素为驱动,发展与提升大众文化,大力推进文化整合、文化创新。只有这样,才能塑造"郁郁乎文哉"那样一种优良文化生态。我们还应正视全面建成小康社会进程中文化生态的丰富性、多样性、复杂性,细心调查研究、妥善引领提高,包容倾听、规范管理,保持文化生态的健康、活力与平衡。

建设社会主义文化强国

文化发展繁荣是民族伟大复兴的重要组成部分;文化发展繁荣支持、推动着中华民族伟大复兴的历史进程。习近平总书记多次强调建设文化强国的重要性。"强"体现在哪里?其重要标志在于文化创新成果与人才阵容。创造中华文化新辉煌,坚守我们的核心价值体系和核心价值观,弘扬主旋律、传播正能量,提高国家文化软实力，牢牢掌握意识形态工作领导权、话语权，这些都需要创造更多的文化创新成果、培养大批创新型文化人才。

现在，我们越来越强调创新的重要性，这是一个经济发展与社会前进的历史课题，同时是一个文化课题。中华民族伟大复兴离不开人民精神品质的不断提高、文化创新创造能力的不断增强。只有一个文化创新势头良好的民族，才能有创造、有出息，能够对人类作出较大贡献。文化创新离不开教育发达、知识积淀、思想解放，也离不开包容大度、活跃有序的文化氛围。我们需要以海纳百川的视野与胸怀，汲取四海精华、五洲创意，不断推出高质量的文化创新成果。

文化成果的评价首先在于质量，然后才是数量。我们应特别珍惜高端文化人才、高端文化成果。谈到中华优秀传统文化，人们会很自然地想到老子、孔子、孟子、庄子、屈原、司马迁、张衡、祖冲之、沈括、李白、杜甫、苏轼、辛弃疾、施耐庵、曹雪芹等一座座"高峰"。今天，我们要实现文化发展繁荣，同样要形成新的文化"高峰"。我们需要当今时代的文化大家、文化领军人物，同时需要一大批蔚为"高原"的文化创新人才。只有这样，才能进一步凸显我们的文化阵容、文化格局、文化自信。

推动中华文化更好走出去

当今时代，经济全球化不断向纵深推进。这一不可阻挡的历史趋势，提醒我们应高度重视维护民族文化特质与人类文化的多样性。习近平总书记就如何正确对待不同国家和民族的文明、正确对待传统文化和现代文化提出：一是要维护世界文明多样性，二是要尊重各国各民族文明，三是要正确进行文明学习借鉴，四是要科学对待文化传统。这是我们开展对外文化交流的原则，也是我国文化建设的原则，还是我们向世界讲好中国故事、推动中华文化更好走出去的原则。

讲好中国故事、推动中华文化更好走出去，需要增强文化自信，勇敢直率地面向世界、面向实际，不回避、不心虚，一是一、二是二，开诚布公。中国就是中国，社会主义就是社会主义，进展就是进展，困难就是困难，共同价值就是共同价值，特色就是特色，没有什么可以含糊的。讲传统要同社会主义现代化对接，讲发展要同中华优秀传统文化与革命文化的自强不息、百折不挠精神对接，讲改革开放要同中国人的兼收并蓄、见贤思齐、尊重他人、和而不同对接。这样，才能把中华文化的魅力讲出来。同时，要强调我们"百花齐放、百家争鸣"的学术民主、艺术民主，强调我们去粗取精、去伪存真的甄别力、选择力。

讲好中国故事、推动中华文化更好走出去，还需要懂中国、懂世界。身为中国人，懂中国是天经地义的，却不是与生俱来的。我们同样面临着向自己的传统、自己的文化学习的任务，面临着倾听生活实践交响曲的任务。作为当代中国人，我们还必须懂世界、爱交流、善沟通。

中国的发展与更美好的未来已经不仅仅是理想，而是正在不断实现的景象。实现文化发展繁荣、实现中华民族伟大文化复兴，光明在前、使命在肩。具有几千年文明史、100多年救亡史与革命史、60多年社会主义建设史与30多年改革开放史的中华文化、中华民族，必将迎来文化大发展大繁荣，必将迎来伟大复兴的荣光。

《人民日报》（2016年9月19日）

> ★ 拓展阅读

旧邦维新的文化自信

"周虽旧邦,其命维新",这样的诗句端庄诚挚、循旧图新。中华文化是历史悠久的文化,也是饱经忧患的文化。中华民族经历过辉煌与艰难、停滞与突破、困惑与焦虑、危机与转机、纷纭与沉淀。尤其是中晚清以降,遭遇了日新月异的西方工业文明,受到了严重的挑战与欺辱,付出了沉重的代价;但获得了醍醐灌顶的洗礼,终于由中国共产党带领人民找到了快速发展、通向现代化,同时符合国情、维护传统的中国特色社会主义道路。

不管多么好的文化传统,都怕陈陈相因。文化的多重性与复杂性使当下某些文化人对"文化自信"的提法感到困惑。他们非常了解历史上中国文人老生常谈的可悲。"鲁叟谈五经,白发死章句。问以经济策,茫如坠烟雾",李白讽刺的读死书无用文人不在少数;"寻章摘句老雕虫……文章何处哭秋风",李贺也为呆板的学风感到悲哀。原地踏步就必然会出现老化、僵化、酱缸化腐变,早在唐代,天才诗人们已经痛感到这个问题。元明以后，中国势头明显不济。到清代《红楼梦》中记载的荣宁二府的状况，暴露当时中华主流文化已经捉襟见肘，难以应对多方危难。而到了1840年的鸦片战争，面对列强，中华文化现出全面深重的焦虑感与危机感。清末民初的文化大家王国维自沉，启蒙思想家严复也终入保皇一党，吸食鸦片而死，显现了文化危机的严重性。除了更新、革命、天翻地覆慨而慷，中华文化几乎已经无路可走，这才有了新文化运动对中华传统文化的反思与批判，与各种境外思潮尤其是马克思主义的引进。

新中国成立以后，新潮涌动，百废待兴，我们的文化生活仍然经历了曲折与艰难。终于在今天，我们获得重提文化自信、继承弘扬优秀传统文化、实现转化与发展的空前历史机遇。我们背靠的传统，曾经被激烈地批判和反思。那么，我们为什么还要强调以它为基础的文化自信？

这是因为，今天所说的中华传统文化，是一个庞大的体系，既有孔孟提出后被官方提倡的修齐治平、忠勇仁义；也有替天行道、造反有理，"舍得一身剐，敢把皇帝拉下马"的激越拼搏；还有"天之道，损有余而补不足；人之道，损不足以奉有余"的对阶级剥削压迫的指责。而这后者，正是马克思主义能够在中国的山沟里成长壮大起来的理据。

更有新文化运动时，以鲁迅为代表的反思批判文化，那是知耻近乎勇的传统，是海纳百川的传统，是苟日新、又日新、日日新的传统。正是五四运动与20世纪中国志士与人民的呼风唤雨、倒海移山，表现出中华文化"喑呜则山岳崩颓，叱咤则风云变色"雷霆万钧的革命性一面，使中华传统文化经受住置之死地而后生的激扬历练，使中华传统文化得以挽救，得以激活。

还有以井冈山精神、长征精神、延安精神为代表的革命文化传统，也是浸润着中国传统文化发展起来的。毛泽东思想是马克思主义普遍真理与中国革命具体实际结合的产物，这个中国革命的具体实际，就包含着中华传统文化的许多方面。例如，毛泽东同志提出的为人民服务、实事求是、愚公移山、以少胜多、出奇制胜、统一战线、批评与自我批评、支部建在连上，一直到"深挖洞、广积粮、不称霸"，无不闪耀着传统文化的光辉。

100多年来尤其改革开放以来，中国各界优秀人士、文化精英与广大民众，前仆后继，以极大的紧迫感奋斗图强，力求补上科学技术、大工业制造、市场经济、民主法制、改革开放的课，追上全面现代化、全面小康、全面富国富民的世界步伐。这种不甘落后的奋斗热潮也使中华传统文化有了勃勃进取的空前扩容和发展创新。

中华文化的生命力不仅在于它的古色古香、奇葩异彩、自成经纬，更在于它生生不息的活力，它的反思能力，它在多灾多难中锻炼出来的应变调适能力，它的见贤思齐见不贤而内自省精神，它的水滴石穿的坚韧性，它的接纳与深思的求变精神，还有它屡败屡战、永不言败、"士不可以不弘毅，任重而道远"精神。

文化自信既包括对自己文化更新转化、对外来文化吸收消化的能力，也包括适应全球化大势、进行最佳选择与为我所用、不忘初心又谋求发展的能力。我们的文化传统是活的传统，是与现代世界接轨的传统，是以天下为己任的传统，是历久弥新、不信邪、敢走自己的路的传统。我们绝不妄自尊大，更无须自我较劲、妄自菲薄。

有一种说法，认为文化是有机整体，所以取其精华、去其糟粕是难以做到的。这种说法不无道理，却过于悲观。毛泽东同志强调对传统文化要剔除其封建性的糟粕，吸收其民主性的精华。习近平总书记多次强调，推动中华优秀传统文化创造性转化、创新性发展。那么，如何判断传统文化中的精华和糟粕？要点有三：一看是否有利于人的发展、社会的发展；二看是否有利于社会和谐稳定，三看是否符合人类文明共识。例如，"二十四孝"，在今天绝对不可以不加区别地宣扬，"埋儿奉母"，发生在当下不是"孝"，而是刑事犯罪。除了这些明显的封建糟粕，还有一些借传统文化热而借尸还魂的落后的习惯和意识，这些都要视为糟粕而加以摒弃。

100多年来，中国志士仁人无日不在为使传统走出窠臼而苦斗，中国共产党人也一直在探索一条以传统为基石、以中华复兴为目标的道路。"一带一路"倡议的提出，既是传统的复兴，又是全新的开辟。这就叫继承弘扬，也就叫创新发展。

文化建设有它的复杂性、细致性与长期性，不能简单化、片面化，更不能急躁冒进。现在，我们还存在着将传统文化的弘扬形式化、皮毛化、消费化、口号化、表演化、煽情化、卖点化、圈地化、抢滩化的苗头。在文化自信问题上，传统与现代、普及与提高、学习与消化、叹赏与扬弃、继承与发展，须相得益彰、互补互证、不可偏废。我们期待的是更多的针对文化课题的认真分析、讨论、推敲，期待从家庭教育、学校教育、社会教育等各个方面入手，把文化自信与提高文化素养结合起来。

中华文明蕴含全人类的共同价值

习近平主席在出席第七十届联合国大会一般性辩论时指出:"'大道之行也,天下为公。'和平、发展、公平、正义、民主、自由,是全人类的共同价值,也是联合国的崇高目标。目标远未完成,我们仍须努力。"努力完成这些目标,需要从中华文明中挖掘有益资源。

"全人类的共同价值"意味着这些价值不仅适用于一个国家或一部分国家,而且适用于整个人类命运共同体。全人类的共同价值不仅是不同意识形态、不同制度形态的国家共同追求的价值,也是各个国家、各种文明处理好相互关系的价值准绳。

基本价值的世界化是一个老问题。民主与自由是20世纪西方国家特别重视的价值,但这些价值只被其运用于国内,而没有运用于国际，甚至在其国内也没有真正得到贯彻，所以并不是所谓"普世"的。在处理国际关系和世界事务时，西方国家真正崇尚的是强权主义、霸权主义和单边主义。和平、发展、公平、正义、民主、自由是全人类的共同价值，反映了国际社会对建立新型国际关系的诉求，蕴含着推动全球治理体系变革的重大意义。

这让人想起20世纪90年代中期的"世界伦理"运动。"己所不欲，勿施于人"是公认的世界伦理金律，这一思想在18世纪末曾被写入法国的《人权宣言》，法国启蒙思想家伏尔泰认为它是"最纯粹的道德准则"，应该成为"所有人的座右铭"。这一思想还被国际社会誉为处理国家之间关系的"黄金法则"，镌刻在联合国总部大楼大厅的墙上。可以说，它是中华文明的基本价值理念，同时也具有全人类共同价值的意义。

"全人类的共同价值"具有深厚的伦理基础。总体而言，"己所不欲，勿施于人"是和平、发展、公平、正义、民主、自由六大理念的伦理基础。"己所不欲，勿施于人"是认识和处理国家、民族和人民之间道德关系的智慧，它要求我们不能把自己不愿意接受的事情强加给别人，也不能把自己喜欢、信仰和追求的东西强加给别人，而要设身处地多从对方角度考虑问题，多为对方着想。在当今全球治理中，应大力倡导"己所不欲，勿施于人"，努力促进世界各国及其人民平等互助、合作共进，为形成公正合理的国际政治经济秩序贡献智慧和力量。

分而言之，"己所不欲，勿施于人"是"公平"的基础；"己欲立而立人、己欲达而达人"是"发展"的基础；"和而不同"倡导宽容、多元的对话，是"民主"的基础；"以德服人""协和万邦"是"和平"的基础；"天下为公"要求不以谋取私利为处世原则，是"正义"的基础。这五个方面不仅指向和平、发展、公平、正义、民主并成为这些价值背后的深层理念，其本身也是人类社会生活应该具有的基础性道德价值，由此彰显了中华文明价值理念的普遍意义。

事实上，这五个方面都包含在儒家"仁"的原理中，可以看作儒家思想中的"仁道"对全人类共同价值的贡献。孟子说，"仁也者，人也"。《礼记》作"仁者，人也"，与孟子一致。"仁者，人也"是儒学的重要论题。在历史上，对"仁者，人也"有过不同的理解和诠释，反映了不同时代的人们对"仁"的本质的不同理解。今天，面对人们对全人类共同价值的思考，我们可以对"仁者，人也"给出当今时代的诠释，即"仁"集中体现了全人类的共同价值。

弘扬中华优秀传统文化的根本指引

陈 来

在习近平总书记关于文化发展繁荣的系列重要讲话（以下简称"讲话"）中，弘扬中华优秀传统文化是一个重要主题。习近平总书记的重要讲话在国内外引人注目、广受好评，产生了巨大反响，为我们在新形势下弘扬中华优秀传统文化提供了根本指引。

关于中华民族与中华优秀传统文化的关系

习近平总书记指出，中华民族创造了源远流长、博大精深的中华文化，中华文化是中华民族创造的精神财富，反映了中华民族强大的文化创造力。全面阐述中华文化对于中华民族发展、壮大、复兴的意义，是讲话最核心的部分。

讲话深刻阐明了中华民族历史发展与中华文化传承弘扬的辩证

关系：中华民族创造了中华文化，中华文化为中华民族提供了丰厚滋养；中华文化既记载了中华民族的历史，又孕育了中华民族的品格；中华文化既代表着中华民族的精神特性，又培育了中华民族的价值追求。这就从根本上确定了中华文化与中华民族的内在关系，指明了中华文化的根本性质。

在肯定中华文化的历史功能方面，讲话既从中华民族整体发展历程的角度指出，中华文化为中华民族生生不息提供了强大支撑；又从政治、文化、民族、社会等方面，肯定了中华文化的历史作用。讲话指出，中华民族从来不是一帆风顺的，经历了无数艰难困苦，但我们都挺过来了，其中一个很重要的原因就是世世代代的中华儿女培育和发展了独具特色的中华文化，为中华民族克服困难、生生不息提供了强大精神支撑。中华文化使中华民族保持了坚定的民族自信和强大的修复能力。这不仅指出了中华文化为几千年来中华民族克服艰难险阻提供了精神支撑，而且意味着中华文化将为中华民族伟大复兴提供内在动力和民族精神。讲话还指出，包括儒家思想在内的中国传统思想文化的优秀成分，对中华文明的形成并延续发展几千年而从未中断，对形成和维护中国统一的政治局面，对形成、巩固中国多民族和合一体的大家庭，对形成和丰富中华民族精神，对激励中华儿女维护民族独立、反抗外来侵略，对推动中国社会进步、促进中国社会利益和社会关系平衡，都发挥了十分重要的作用。这就从文明延续、社会平衡、政治统一、民族和合、反抗外侮等方面全面肯定了中华文化所发挥的积极历史作用。

讲话不仅从历史的高度全面论述了中华文化的性质和意义，而且从政治、文化、改革开放、世界格局等多方面揭示了中华文化的当代价值和意义,指出中华优秀传统文化是中华民族的突出优势,是我们最深厚的文化软实力,今天依然是我们推进改革开放和社会主义现代化建设的强大精神力量,是我们在世界文化激荡中站稳脚跟的根基。中华民族的伟大复兴要以中华文化的发展繁荣为条件。这彰显了党中央对中华文化的深刻认识,值得认真学习领会。

关于社会主义核心价值观与中华优秀传统文化的关系

强调中华文化价值观对于社会主义核心价值观的基础意义,这是讲话对社会主义核心价值观建设在理论上的重大发展。讲话指出,牢固的核心价值观都有其历史、文化的根本,抛弃传统就等于割断自己的精神命脉。这就从根本上阐明了中华优秀传统文化是社会主义核心价值观的历史根源、文化命脉,揭示了社会主义核心价值观建设必须自觉地把中华优秀传统文化作为重要基础和源泉。

讲话指出,中国人民的理想、价值观和精神世界是始终扎根于中华优秀传统文化的沃土之中的,同时又是随着历史和时代前进而不断与时俱进的。因此,实现中华民族伟大复兴,就要重视中华优秀传统文化,继承和弘扬中华优秀传统文化,积极深入中华民族历久弥新的精神世界,把长期以来我们民族形成的积极向上向善的思想文化充分继承和弘扬起来。我们培育和弘扬社会主义核心价值观,必须从中华优秀传统文化中汲取丰富营养,否则就不会有生命力和影响力。

讲话提出，要认真汲取中华优秀传统文化的思想精华和道德精髓，大力弘扬以爱国主义为核心的民族精神和以改革创新为核心的时代精神，深入挖掘和阐发中华优秀传统文化讲仁爱、重民本、守诚信、崇正义、尚和合、求大同的时代价值，使中华优秀传统文化成为涵养社会主义核心价值观的重要源泉。我们倡导的社会主义核心价值观，充分体现了对中华优秀传统文化的传承和升华。

讲话对孝悌忠信、礼义廉耻、天人合一、为政以德、己所不欲勿施于人等理念的当代价值作了明确肯定，强调要加强对中华优秀传统文化的挖掘和阐发，努力实现中华优秀传统文化的创造性转化、创新性发展。讲话反复强调要弘扬"跨越时空、超越国度、富有永恒魅力、具有当代价值的文化精神"，充分肯定中华优秀传统文化具有超越具体时代的普遍价值，这对于我们正确认识和传承中华优秀传统文化具有根本指导意义。

与价值观问题相联系，讲话特别重视传承中华传统美德，强调中华传统美德是中华文化的精髓，蕴含着丰富的思想道德资源。讲话指出，要认真汲取中华优秀传统文化的道德精髓，中华文化中很多思想理念和道德规范，不论过去还是现在，都有其永不褪色的价值。要继承和弘扬我国人民在长期实践中培育和形成的传统美德，引导人们向往和追求讲道德、尊道德、守道德的生活，让每一个人都成为传播中华传统美德的主体。讲话还指出，重视基本生活规范是中华民族的一个重要传统。中华民族在长期实践中培养和形成的传统美德规范，是中华民族在漫长历史长河中能够生生不息、不断壮大的一个重要支撑力量。中华传统美德系统完备、博大精深，我们要在新的时代条件下弘扬中华民族传统美德，使之成为推进社会主义思想道德建设的重要资源。

可以说，中华传统美德和道德建设是讲话关注的重点，其中的关键是要解决践行社会主义核心价值观与传承中华传统美德的关系。培育和弘扬社会主义核心价值观主要有两个领域：制度建设和道德建设。在道德建设上，要使社会主义核心价值观落实到每个人身上，体现其道德规范的功能，就必须以中华传统美德的传承实践为基础。核心价值观与传统美德必须"两手抓"，一方面注重社会主义核心价值观的培育，另一方面注重对中华传统美德的传承。只有这样，"讲道德、尊道德、守道德"才能落到实处。

关于中国特色社会主义与中华优秀传统文化的关系

党的十七届六中全会论述了中华文化与中国特色社会主义的关系，提出了中华文化是建设中华民族共有精神家园的重要支撑、中华文化是发展社会主义先进文化的深厚基础等观点。讲话对此作了新的发展，强调中华文化不仅是精神家园的支撑、先进文化的基础，从根本上说，中华文化是中国特色社会主义的沃土。中国特色社会主义应把中华优秀传统文化作为自己的深厚历史渊源，要植根在中华文化之中。

中国特色社会主义是在中华大地上的伟大实践，以中华民族为实践主体，必然要立足于中华民族的民族精神，立足于中华优秀传统文化，扎根中国的历史文化，依赖中华文化的精神支撑；中华民族伟大复兴的中国梦是今天我们坚持和发展中国特色社会主义的奋斗目标，而中国梦的实现需要汲取中华优秀传统文化的思想精华，弘扬中国精神。弘扬中国精神必须把长期以来中华民族形成的优秀思想文化充分继承和弘扬起来，使之成为全国各族人民团结奋斗的重要思想基础。

中国梦不是简单地追求强国富民，而是包括中华文化发展繁荣在内的全面进步、全面发展，包含着中华民族的价值追求。因此，中国梦的实现同时也是中华民族价值观、价值理想的实现。中国特色社会主义是中国道路的历史展开，中国道路是从5000多年中华文明的传承发展中走出来的，具有深厚的历史渊源。讲话理顺了中国化马克思主义与中华文化的关系，是中国特色社会主义理论体系的重大创新，对中国特色社会主义实践具有重要指导意义。

从治国理政的新高度提出对待中华传统文化的基本方针

讲话十分重视继承和弘扬优秀传统文化，指出不忘本来才能开辟未来、善于继承才能善于创新。优秀传统文化是一个国家、一个民族发展的根本，如果丢掉了，就割断了精神命脉。要重视中华传统文化研究，继承和弘扬中华优秀传统文化，把长期以来中华民族形成的积极向上向善的思想文化充分继承和弘扬起来，对传统文化中适合于调理社会关系和鼓励人们向上向善的内容，我们要结合时代条件加以继承和发扬，赋予其新的含义。

讲话进一步指出，我们要善于把弘扬优秀传统文化同发展现实文化有机统一起来、紧密结合起来，在继承中发展，在发展中继承。要使中华民族最基本的文化基因与当代文化相适应、与现代社会相协调，以人们喜闻乐见、具有广泛参与性的方式，把跨越时空、超越国度、富有永恒魅力、具有当代价值的文化精神弘扬起来，把继承优秀传统文化又弘扬时代精神、立足本国又面向世界的当代中国文化创新成果传播出去。

继承要基于辩证的分析。讲话强调，一个国家、一个民族的强盛总是以文化兴盛为支撑的，中华民族伟大复兴需要以中华文化发展繁荣为条件。对历史文化特别是先人传下来的道德规范，要坚持古为今用、推陈出新，有鉴别地加以对待，有扬弃地予以继承。这些都充分体现了我们党从治国理政的整体需要出发对文化建设方针的新思考。

讲话关于文化建设方针的重要论述体现了"综合创新"的鲜明特点。"综合"就是把我们党在过去提出的许多文化主张综合起来，"创新"就是提出新论断、新方针。讲话反复指出，在去粗取精、去伪存真的基础上，坚持古为今用、推陈出新，努力实现中华传统美德的创造性转化、创新性发展。讲话强调，传承中华文化绝不是简单复古，也不是盲目排外，而是古为今用、洋为中用，辩证取舍、推陈出新，摒弃消极因素，继承积极思想，"以古人之规矩，开自己之生面"，实现中华文化的创造性转化和创新性发展。这些提法既有综合，又有创新。

讲话还指出，传统文化在其形成和发展过程中，不可避免会受到当时人们的认识水平、时代条件、社会制度局限性的制约和影响，因而也不可避免会存在陈旧过时或已成为糟粕的东西。这就要求我们在学习、研究、应用传统文化时坚持古为今用、推陈出新，结合新的实践和时代要求进行正确取舍，而不能一股脑儿都拿到今天来照搬照用。要坚持古为今用、以古鉴今，坚持有鉴别地对待、有扬弃地继承，努力使传统文化与现实文化相融相通，共同服务以文化人的时代任务。这些提法都有重要的指导意义。

讲话综合了我们党历史上提出的古为今用、推陈出新、去粗取精、去伪存真的文化方针，又在此基础上吸收了学术界有关传统文化研究的成果，并加以发展创新，提出了"两有""两相""两创"的方针。"两有"即对古代的文化要有鉴别地对待、有扬弃地继承；"两相"即中华优秀传统文化必须与当代文化相适应、与现代社会相协调；"两创"即对中华文化要实现创造性转化、创新性发展。其中，"两有"是讲继承的区别原则，"两相"是讲继承的实践要求，"两创"是讲继承和创新的关系。按照讲话的精神，继承是基础，创新是重点；结合时代条件赋予新的含义就是转化，以古人之规矩、开自己的生面就是创新。讲话强调要处理好继承和创新发展的关系，重点做好创造性转化和创新性发展。面对当前治国理政的复杂实践需求，我们应坚持以理论联系实际的态度，积极对传统文化进行创造性转化、创新性发展。中华优秀传统文化与社会主义市场经济、民主政治、先进文化、和谐社会、生态文明等还存在需要协调适应、建立合理关系的地方。创造性转化，就是要按照时代特点和要求，对那些至今仍有借鉴价值的内涵和表现形式加以改造，赋予其新的时代内涵和现代表达形式，激活其生命力。创新性发展，就是要根据时代的新进步新发展，对中华优秀传统文化的内涵加以补充、拓展、完善，增强其影响力和感召力。讲话在这些方面创造性地提出一系列新的思想观点，体现了对党的文化建设方针的新发展。

《人民日报》（2016年9月22日）

★ 拓展阅读

中华价值观彰显"四大特色"

价值观的特色，一般是通过对不同理念和事物进行比较、选择、取舍而显示出来的。讨论中华价值观的特色，就不能局限于中华文化本身，而要将西方文化尤其是西方近现代价值观作为比较对象。中华价值观与西方近现代价值观相比，主要表现出四大特色。

第一大特色：责任先于自由。中华价值观强调个人对他人、社群甚至自然界所负有的责任，体现出强烈的责任意识。

儒家的德行论比较发达，在春秋战国时代已形成完整体系。其中，忠、信、仁、义、孝、惠、让、敬等德行的基本取向，都强调个人承担对他人、对社会的责任，如孝突出子女对父母的责任，忠突出尽己为人的责任，信突出对朋友的责任，等等。在儒家看来，个人与他人、与群体存在连续的关系，必须积极承担自己对对方的责任，这是一种美德。

中华价值观注重关系的立场与个人本位的立场不同，它主张个人与他方构成关系时不能以自我为中心，而应以自我为出发点、以对方为重，个人利益要服从责任的要求。人常常为承担责任而忘我，责任往往成为个人社会实践的重要动力。这样的立场，就是责任本位的立场。同时，由于个人处于社会关系网中，与多种对象结成各种关系，因此个人的责任是多重的而不是单一的；个人有多少角色，就相应地承担多少责任。

中华价值观十分注重责任担当。孟子讲，君子自任以天下为重。从先秦的士君子到汉代的士大夫，都突出责任意识，强调个人对天下国家的责任，而不是突出个人自由。在汉代到宋代的士大夫中，责任意识的代表就是范仲淹提倡的"先天下之忧而忧，后天下之乐而乐"。此后，明代士人提出"家事国事天下事事事关心"，明清之际顾炎武提出"天下兴亡，匹夫有责"，清代林则徐提出"苟利国家生死以，岂因祸福避趋之"，都为人们所熟知，对社会带来深远影响。

在西方近现代主流文化中，人权是个人对国家和政府提出的道德、政治要求，更多涉及政府的责任和义务，却无法界定个人对家庭、他人、社会的责任和义务。这种权利观念是西方近现代自由主义哲学的核心，是西方近代市民社会和政治发展的产物。但它把焦点集中在个人对社会的要求，而忽视个人对社会的责任；集中在个人对自己权利的保护，而忽视个人也有尊重他人权利的责任。

第二大特色：义务先于权利。西方近现代价值观非常强调个人权利的优先性，而中华价值观特别是儒家价值观更强调义务的优先性。

现代新儒家的代表人物之一梁漱溟认为，中国文化在人和人的关系中强调义务为先,互相承担义务是中国伦理的一个根本特色。他认为西方近代以来个人主义盛行,形成一种个人本位的社会,不胜其弊,而中国以伦理为本位。梁漱溟认为,中国人的伦理特别强调义务感。这种义务感是开放的,从家庭可以放大到宗族、社区,再到郡县、国家、天下、宇宙。以义务为基本取向的德行不强调张扬个人权利,而主张努力承担对他人的义务、履行自己肩负的责任。这种义务取向特别表现为如何对待自己与他人的关系。在他看来,西方是个人本位,强调以自己为主;中国则是义务为主,强调尊重对方,"从个人本位出发则权利的观念多,从尊重对方的意思出发则义务的观念多。"

在现代社会,个人生存发展权利为宪法和法律所确认,当然也为社会价值观念所承认。但这并不意味着个人权利是最重要的价值,或社会价值观仅仅为个人权利提供支持。在价值和伦理问题上,权利话语和权利思维是有局限性的,以个人权利为中心的价值观甚至是当今众多问题产生的根源之一。权利话语往往联系着个人主义。个人主义的权利优先态度,其基本立场是把个人权利放在第一位,认为个人权利优先于集体目标和社会共善。在这样的立场上,个人的义务、责任、美德都很难建立起来。个人权利优先的主张过分强调保障个人的自由,而忽视促进个人对社会公益的重视,不能正视社会公益与个人利益的冲突,因而对于现代社会健康运行来说弊大于利。

第三大特色:群体高于个人。春秋时期,我国思想家明确提出以人为本的观点。西方在文艺复兴后也倡导以人为本,但西方近代的人本主义更多强调以个人为本。中华文化和中华价值观不主张以个人为本,而是强调以群体为本,强调群体在价值上高于个人。

在中华文化和中华价值观看来,个体不能离群索居,一定要在群体之中生存生活,其道德修为也要在社群生活中增进。超出个体的最基本社群单位是家庭,扩大而为家族、社区以及各级行政范畴,如乡、县、府、省,直至国家。中华文化和中华价值观特别重视家庭价值,而家庭是个体向社会发展的第一个社群层级。中华文化和中华价值观强调个人价值不能高于社群价值,强调个人与群体的交融、个人对群体的义务,强调社群整体利益的重要性。我国古代思想家没有抽象地讨论社群,而是用"家""国""社稷""天下"等概念具体表达社群的意义和价值;"能群""保家""报国"等众多提法都明确体现社群安宁、和谐、繁荣的重要性,凸显个人对社群和社会的义务,强调社群和社会对个人的优先性和重要性。在表现形式上,对社群和社会优先的强调还通过"公—私"的对立而得以体现:个人是私,家庭是公;家庭是私,国家是公;社群的公、国家社稷的公是更大的公,最大的公是天下的公道公平公益,故说"天下为公"。

简而言之,中华文化和中华价值观是在一个向社群开放的、连续的同心圆结构中展现的,即个人—家庭—国家—世界—自然,从内向外不断拓展,从而包含多个向度,确认个体对不同层级的社群所负有的责任和义务。《论语》讲"四海之内皆兄弟",《礼记》提出"以天下为一家"。如果说家庭关系是中国人的基本关系,则我国古人早就把家的概念、家的关系扩大、扩充了。

现代西方自由主义道德的中心原则是个人权利优先,主张人人有权根据自己的价值观从事活动,认为以一种共同的善的观念要求所有公民是违背基本个人自由的。而中华文化和中华价值观强调社会共同的善、社会责任、有助于公益的美德。社群与个人、责任与权利是不同的伦理学概念,反映不同的伦理学立场,适用于不同的价值领域。在当代社会,我们应坚持中华文化和中华价值观以社群和责任为中心的立场,在赞同自由、人权的同时,毫不含糊地申明不赞成个人优先的立场。

第四大特色:和谐高于冲突。与西方文化和西方价值观相比,中华文化和中华价值观更强调社会和谐、以和为贵,追求和而不同。

春秋时期的史伯提出"和实生物,同则不继",形成了中华文化"和而不同"的思想。"和"所具有的和谐的意义,在我国文明发展早期就有了。《尚书·舜典》记载,帝舜命其乐官通过诗歌音乐,达到"八音克谐,无相夺伦,神人以和"。这说明我国古人已经了解音乐促进和谐的作用,体现了早期智者对宇宙和谐的向往。我国古人反复以声乐之和比喻世界各种事物之间的和谐,从而成为一种普遍追求。例如,《左传》中说:"八年之中,九合诸侯,如乐之和,无所不谐。"可见,我国古人将音乐的和谐作为处理人与人、人与社会、族群与族群、人与天地等关系的模型,对"和"的追求塑造了中华文明的思维方式、价值取向。

这一思想对儒家也产生重要影响。儒家经典《礼记·乐记》说:"乐者,天地之和也;礼者,天地之序也。和故百物皆化,序故群物皆别。"这表明,人类的和谐在根本上来源于天地的和谐,即自然的和谐。和谐是一切事物的生成原理,没有和谐就没有万物化生,和谐的实现有着深刻的宇宙论根源。宋代哲学家张载说过，"有象斯有对，对必反其为；有反斯有仇，仇必和而解"，强调从对立到和谐不仅是天地的法则，也是社会、人生中具有普遍意义的原理。

把追求永久和谐作为对待外部世界的态度，在中华文化和中华价值观中同样源远流长。《尚书·尧典》提出："克明俊德，以亲九族。九族既睦，平章百姓。百姓昭明，协和万邦。"以后，"协和万邦"便成为中华世界观的典范。类似的说法还有"以和邦国，以统百官，以谐万民"（《周礼·天官冢宰》）。孔子把"和"作为同外部世界交往的原则，提出"'柔远能迩，以定我王'，平之以和也"。构建一个和平共处的世界，是中华文明几千年来持续不断的理想。

人与自然的和谐统一，汉代以后被表达为"天人合一"，成为中华文化的价值理想。所谓"天人合一"，就是注重人与自然的和谐合一，注重人道（人类社会法则）和天道（宇宙普遍规律）的一致，不主张把天和人割裂开来。天人合一思想不强调征服自然、改造自然，不主张天、人对立，而主张天、人协调。根据这种思想，人不能违背自然，而应顺从自然规律，使自己的行为与自然相协调。我国古代的天人合一思想，一方面注重人是自然的一部分，注重人在自己身上体现自然的本性，致力于人与自然统一并与自然融为一体；另一方面主张人主动配合天地的生生变化，在与自然相协调的同时协助并促进宇宙的和谐与发展。这种追求人与自然和谐的思想，对纠正无限制地征服自然、不顾及环境与生态平衡的观念，促进经济社会全面协调可持续发展，具有重要现实意义。

在西方文化和西方价值观中有一种冲突意识，总想用自己的力量，以自我为中心，克服非我、宰制他者、占有别人。因此，在西方历史上宗教战争非常残酷，中国则没有出现过那样的宗教战争。可以说，20世纪两次世界大战，其文化根源都不在东方。总体来讲，同西方文化和西方价值观相比，中华文化和中华价值观强调和谐高于冲突。

> 文化自信

让文化遗产活起来

　　让收藏在博物馆里的文物、陈列在广阔大地上的遗产、书写在古籍里的文字都活起来。活起来为文化遗产保护工作指明了方向，也是推动文明交流互鉴的内在要求。

　　我国引入文化遗产这一概念并在实际工作中加以运用是在20世纪80年代，尤其是1985年加入《保护世界文化和自然遗产公约》、1987年北京故宫等6项遗产被列入《世界遗产名录》实现我国世界遗产零的突破后，通过世界文化遗产申报等工作，文化遗产的概念逐渐引起社会广泛关注并得到迅速普及。文化遗产保护的实践使我们深刻认识到，文化遗产不是在时间和空间上凝固不变的对象，而是一个博大的系统、一个发展的概念、一个开放的体系、一个永恒的话题。人们对于文化遗产保护的认识一直处于发展变化中，不断被检验、被证明、被修正、被丰富，在实践中不断产生更符合实际的新认识。

以往，很多人把博物馆中的文物、祖国大地上的文化遗产看作是已经远离今天社会的东西，看作是已经没有生命的东西，只是被观赏、被研究的对象。然而，活起来告诉人们，这些文化遗产能够活在当下、活在人们生活中。它们拥有辉煌的过去，也要有闪光的现在，还要充满生机地走向未来。当下，许多人深刻认识到，文化遗产不应只是少数专业工作者呵护的对象，不应"养在深闺人未识"，而应融入社会，在保护中利用，在利用中进一步诠释和丰富其价值。保护文化遗产并不是将其封闭起来，与民众和当代生活隔绝。伴随城镇化的推进，文化遗产更是无法藏身于世外桃源或自外于当代社会。从世界上一些历史名城的发展趋势看，文化遗产保护与城市现代化发展并不矛盾，如果处理得好就能相辅相成。

活起来告诉人们，仅将文化遗产当作珍稀物品保留下来是远远不够的，更重要的是发掘文化遗产中的精华，为人类现代生活服务。文化遗产应在被观赏、被分享中得到保护、诠释和延续。换言之，文化遗产只有通过适当途径发挥作用，通过特定方式被大众所关注与分享，才能具有旺盛的生命力。因此，保护文化遗产并不排斥对其进行合理利用，而且合理利用是最好的保护。在物质文化比较发达、精神需求日益增长的当代社会，经过科学规划和管理对文化遗产进行合理利用，无疑是对文化遗产的积极保护。当然，保护永远是第一位的，只有在保护的基础上才能实现合理利用。

人们深刻认识到文化遗产的多重价值，对文化遗产进行合理利用展现出广阔发展前景。实践证明，让文化遗产活起来，利用文化遗产向社会提供各种文化服务，不仅能丰富人们的文化生活，而且能更好地保护文化遗产，还能创造社会就业岗位。利用文化遗产向社会提供各种文化服务，所实现的经济价值只是最表层的价值，合理利用文化遗产的效益其实是综合性的。通过发展文化遗产旅游让人人都能方便地接触到文化遗产，有利于宣传文化遗产保护的重要性和必要性，使人们深入理解文化发展的重要意义。由于有了这种接触与理解，人们就会意识到对文化遗产的尊重、对文化遗产所代表的文化的尊重、对文化遗产所在地和文化遗产拥有者利益和权利的尊重是人类共同的义务，而这无疑有利于文化遗产保护，也有利于文明交流互鉴。

文化遗产是一个国家的底蕴。文化底蕴是否深厚，不仅在于我们曾经拥有多少优秀文化，更在于我们今天还能拥有、感受到多少优秀文化。处理好保护与利用、学术研究与发展旅游等关系，就能让我国丰富的文化遗产活起来，不断丰富中国人民的精神世界，不断推动文明交流互鉴。

通过对话彰显文化自信

单霁翔

文化自信指的是一个民族、一个国家、一个政党对自身文化价值的充分肯定和积极践行，以及对其文化生命力持有的坚定信心。文化自信是与道路自信、理论自信、制度自信并驾齐驱的第四个自信，如何增强和彰显文化自信成为当下中国的时代课题。

弘扬传统文化　实现民族复兴

习近平总书记在庆祝中国共产党成立 95 周年大会重要讲话中指出："在 5000 多年文明发展中孕育的中华优秀传统文化，在党和人民伟大斗争中孕育的革命文化和社会主义先进文化，积淀着中华民族最深层的精神追求，代表着中华民族独特的精神标识。"文化自信中的"文化"包括中华优秀传统文化、革命文化和社会主义先进文化。三者之间,中华优秀传统文化是基础和源头。习近平总书记指出:"中华民族在几千年历史中创造和延续的中华优秀传统文化,是中华民族的根和魂。"文化自信源于中华优秀传统文化,中华优秀传统文化是文化自信的根基。

传承和弘扬中华优秀传统文化的重要性不言而喻。从历史的角度分析,中华优秀传统文化衍生出中国近现代文化,也使得中华民族屹立于世界民族之林。习近平总书记指出:"当代中国是历史中国的延续和发展,当代中国思想文化也是中国传统思想文化的传承和升华,要认识今天的中国、今天的中国人,就要深入了解中国的文化血脉,准确把握滋养中国人的文化土壤。"在历史长河中,很少有国家像中国这样,积淀起如此悠久而深厚的文化,在世界文明发展史上熠熠生辉。影响深远的诸子学说、浩如烟海的历史典籍、气象万千的诗词歌赋、匠心独运的书画雕塑、泽被中外的四大发明等,都令世界惊叹不已。早在公元前800年到公元前200年间,东西方世界先后出现一批伟大的思想家,奠定了后来人类精神文明的大格局,有西方学者将这个伟大时代称为"轴心时代"。当时,中国的老子、孔子、孟子、庄子、墨子等诸子百家的思想光彩夺目,使得中华文化在人类思想文化发轫之始,就在世界文化格局中确立起举足轻重的地位。从"文景之治"到"武帝极盛"的西汉盛世,从"贞观之治"到"开元之治"的大唐盛世,以及康雍乾时期的大清盛世,中华传统文化在开放的环境中因频繁的双向交融而越加活跃,文化之帆也愈加远扬。

从现实的迫切需求来说,中华民族伟大复兴实质上是文化的复兴。习近平总书记指出："文化自信，是更基础、更广泛、更深厚的自信""中国有坚定的道路自信、理论自信、制度自信，其本质是建立在5000多年文明传承基础上的文化自信"。可见，文化自信是道路自信、理论自信、制度自信的基础。中国的自信，本质上是文化自信。当下，中国已经成为世界第二大经济体，但文化实力却未与之匹配，以至于精神层面出现一系列的问题。习近平总书记指出："比较突出的一个问题就是一些人价值观缺失，观念没有善恶，行为没有底线，什么违反党纪国法的事情都敢干，什么缺德的勾当都敢做，没有国家观念、集体观念、家庭观念，不讲对错，不问是非，不知美丑，不辨香臭，浑浑噩噩，穷奢极欲。"博大精深的中华优秀传统文化，包含自强不息的奋斗精神、扶危济困的公德意识、舍生取义的牺牲精神、精忠报国的爱国情怀、民惟邦本的治国理念、协和万邦的和平思想、和而不同的东方智慧，等等。用中华优秀传统文化为人民提供丰润的道德滋养，提高精神文明建设水平，为治国理政提供有益启示，为中国经济和外交影响力的扩展提供更加有效的软保护，构筑更为有利的软环境，是实现中华民族伟大复兴的应有之举。

担负大国责任　倡导包容互鉴

传承和弘扬中华优秀传统文化需要国家主动作为、文化单位认真行动、人民群众积极实践。在此，中国作为国际发展体系的积极参与者、受益者、建设者和贡献者，作为正在走向强起来的文化大国，应该担负起自身的国际责任。今天，人类站在新的历史起点上，中华民族重新屹立在世界的东方，日益走近世界舞台的中央。中华文明的复兴，需要站在全球文明的高度，吸收自古以来重要文明的优秀成果，融会贯通，形成一个"源于自己而属于世界"的崭新文明体系。中国作为对世界负责任的文明古国，需要从全球视野考量资源配置，更加深入地融入全球体系，实现更大范围的包容性发展，推动建立更加公平的全球治理体系。中国应积极推动文明古国之间的文明对话，倡导包容互鉴，共同挖掘民族文化传统中的积极处世之道，复兴灿烂辉煌的古国文明，建立世界文化新格局。这源于中华优秀传统文化的内在要求、建设文化强国须有的文化自觉以及现实世界的迫切要求。

中华文化崇尚和谐，"和"文化源远流长，蕴含着天人合一的宇宙观、协和万邦的国际观、和而不同的社会观、人心和善的道德观。在中华民族文化交流史上，留下了一段段佳话：西汉张骞两度出使西域，三位求法高僧法显、玄奘和义净先后到达印度交流佛教文化，唐代各国使臣、商人、留学生云集长安，明代郑和七下西洋等，中华文明兼取众长、以为己善；而中华文明的成就，从丝绸到瓷器、茶叶，从医药到烹饪，从哲学到文学，丰富了世界各国民众的物质与精神生活。中华文明的历史告诉我们：开放是文明发展的重要条件，唯开放才能汲取其他文明的长处，唯开放才能自立于世界民族之林。中外文化的交流有利于双方的文明发展。中国当下要增强文化自信、走向文化自强，从文化大国成为文化强国，需要有这样的文化自觉：对自己国家和民族文化的觉醒，同时对世界各国、各民族文化的交流、交融、交锋等有正确的认识，以使自己国家和民族的文化在面对新环境、新时代时能够不断传承、创新和发展，在世界文化多元竞争发展格局中具有自主能力、取得自主地位，从而实现与时代同行、与世界同进。

开展国际合作　保护古国文明

放眼全球，文化底蕴最深厚的首先是举世公认的四大文明古国：中国、古埃及、古巴比伦和古印度。这些文明古国曾经是世界上实力强盛的国家，经济繁荣、政治稳定、文化发达，特别是以独特而辉煌的精神文化、物质文化、制度文化、行为文化，成为世界上最具影响力的国家。不幸的是，长期以来，古国文明保护和传承遭到来自两个方面的严峻挑战：一是军事战争带来的野蛮破坏，古国文明面临生死存亡的考验；二是全球化浪潮下文化冲突加剧，守护人类共同价值的道路异常艰难。

2000余年来，无比辉煌的古巴比伦文明、古印度文明、古埃及文明逐渐凋零，消失在历史的风烟里。冷战结束后的20年间，相继爆发了海湾战争、波黑战争、科索沃冲突、阿富汗战争、伊拉克战争，古国文明命运多舛。进入21世纪，人类文化遗产的保护面临更加严峻的考验：在阿富汗，塔利班摧毁了巴米扬两座1500年前的珍贵大佛雕像；在伊拉克，孕育了古巴比伦文明的美索不达米亚平原一直与战乱如影随形，文明古迹饱受摧残；在叙利亚，联合国分析认定至少有290余处文物古迹在战火中受损。

伴随经济全球化日益加速，世界各国固有的生产与生活方式，朝着同质化的方向发展，受民族传统的影响越来越小，西方文化借助其强大的经济实力和传播平台，呈现出前所未有的侵略态势，而其他文化均处于边缘位置。"19世纪靠军事改变世界，20世纪靠经济改变世界，21世纪靠文化改变世界"，如今，文明古国面对的不仅是领土安全问题，还有更为重要的文化安全问题。应当看到，由于硬实力与软实力的不平衡，导致众多文明古国常常陷入有理说不出，或者说了传不开的被动境地，国际形象被"唱衰"的情况时有发生。此外，自然灾害的不可抗力则从古至今潜藏着威胁。

如何通过国际合作和联合行动，更有效地保护多样化的古国文明，保护人类文化遗产，已经成为国际社会亟须考虑并付诸行动的问题。实际上，文化遗产在今天不仅是古代文明的记录和见证，更是不同国家和民族之间平等对话、和平共处的纽带和桥梁。因此，对古代文明予以关注和研究，对全球文化遗产保护给予重视和支持，有助于提高文明古国在国际文化领域的参与程度，也有助于文明古国之间相互交流、学习、借鉴，更有助于提升人类社会面向未来的能力和水平。

在当今国际环境下研究和探讨世界文明古国文化遗产保护问题，促进文化遗产领域同仁的交流与合作，推动世界古代文明在当今人类社会发展中发挥持久作用，成为许多学者的共识。故宫博物院举办"2016世界古代文明保护论坛"，多个国际组织和国家的文化与外交官员、考古学家、历史学家和博物馆工作者都出席并发表了意见。通过充分深入的交流与对话，大家加深了对世界古代文明保护传承现状及所面临的挑战与机遇的相互了解，积极探索在当今国际形势下推动文化遗产保护传承工作及古代文明的国际交流与合作的途径。经协商，代表们还发起了《太和宣言》，宣告未来通过举办文化发展论坛、文物交流展览、学术研讨会等，携手应对世界文化遗产保护所面临的共同问题，联合探讨人类文明可持续传承的有效途径。这是故宫博物院做出的尝试和探索，我们期待有更广泛、更强大的力量，一同推进复兴悠久文明这一事业。

世界文化新格局的构建需要顶层设计与战略部署。一个崭新的世界文明将在文明古国的团结中诞生。通过加强文明古国之间的对话、互动，搭建起文化交流与合作的平台，扩展交流领域，寻求解决之道，面对国际风云变幻，发出文明古国的共同声音，营造一个共享文明福祉的新世界。而中国的文化自信也将在这个新世界中不断强化和彰显，社会主义文化强国和中华民族伟大复兴的梦想也将会成为现实。

《人民日报》（2016年12月16日）

★ 拓展阅读

为文明古国复兴提供中国方案

在考古学语义中,文明即国家,文明的诞生就是国家的诞生。正如恩格斯所说,"国家是文明社会的概括"。在考古学上,一般把金属工具、文字和城市的出现视为国家或文明出现的典型标志。人类迄今已走过长达数百万年的历程,但文明的出现不过6000年,这表明文明或国家是人类文化发展到较高阶段的产物。

人类的文明古国虽然处于不同时代、位于不同地域,但都创造了人类早期的文明,创造了人类早期的国家、城市、文字、金属工具、天文学、医学、数学、哲学、宗教等,是当之无愧的世界文明源头。不幸的是,长期以来古国文明的保护和传承遭到严重挑战。

自古以来,摧毁文明的最大推手是战争。古巴比伦文明、古印度文明、古埃及文明,先后都在战乱中化为乌有。近代以来的数百年,西方列强通过战争、殖民、划分势力范围等方式争夺利益和霸权。冷战结束后,全球又相继爆发海湾战争、波黑内战、科索沃冲突、阿富汗战争、伊拉克战争，古国文明更是命运多舛。进入 21 世纪，人类文化遗产保护面临更加严峻的形势。在伊拉克，孕育了古巴比伦文明的美索不达米亚平原一直战乱不已，文明古迹饱受摧残。在叙利亚，联合国相关组织分析认定，至少有 290 余处文物古迹在战火中受损。

对于古国文明保护与传承的另一个威胁同样不可忽视，那就是来自发展理念的冲突。近代以来，西方文化一直认为地球资源和环境无法承载倍增的人口，主张弱肉强食的社会达尔文主义，鼓吹精英主义。因此，西方文化的精髓就是征服自然、征服世界。

联合国教科文组织从其参与的一系列文化遗产保护事件中认识到，不同国家的文化和自然遗产具有突出的普遍价值，应作为人类共同遗产加以保护。当人类文明面临新的严重威胁时，整个国际社会有责任提供集体援助。因为，文化遗产不仅是古代文明的记录和见证，更是当代不同国家和民族之间平等对话、和平共处的纽带和桥梁。对世界古代文明予以关注和研究，对世界文化遗产保护给予重视和支持，不仅有助于提升人类社会开创未来的能力和水平，而且有助于提高文明古国在国际文化领域的参与程度，还有助于文明古国之间相互交流、学习和借鉴。

文明古国要真正走向世界，就必须在国际上有较强的感召力。为此，文明古国要将优秀传统文化融入世界文明整体进程中，提升文化影响力，发挥文化潜移默化、润物无声的作用，讲述好文明古国故事，传播好文明古国声音，推动文化交流传播，向世界展现文明古国的蓬勃生命力。

中国文化优势十八讲

文明古国之间应加强交流合作,积极开展文明对话,倡导包容互鉴,一起挖掘民族文化传统中的积极处世之道,同当今时代人类文化需求产生共鸣。这样才能使文明古国的"朋友圈"越来越大,同世界各国结成紧密的利益共同体和命运共同体。只有把跨越时空、超越国度、富有永恒魅力、具有当代价值的文化精神弘扬起来,才能把立足本国又面向世界的当代文化创新成果传播出去。

改革开放40多年来,中国经济社会发展取得显著成就,中国人民生活不断改善,世界各国也都从中国发展中受益。然而,国际上有人宣称,中国发展起来后会走"国强必霸"的老路,对其他国家构成威胁。中华民族历来爱好和平,和平、和睦、和谐的追求渗透在中华儿女的基因和血脉中。中国自古以来就倡导"强不执弱,富不侮贫",中华民族主张"天下大同",推崇"兼爱",希望"协和万邦""万国咸宁"。这些价值理念和行为取向,在当代中国得到了有效传承和发扬光大。

作为历史悠久的文明古国,中国一度是连接东西方的贸易中心和文化枢纽,开辟了丝绸之路和海上丝绸之路,书写了驼铃声声、舟楫相望的历史篇章。中国特色社会主义进入新时代,习近平总书记大力弘扬中华优秀传统文化,提出"一带一路"倡议。中国人民认为,世界繁荣稳定是中国的机遇,中国发展也是世界的机遇;开放才能发展,发展必须开放;和平发展道路能不能走得通,很大程度上要看我们能不能把世界的机遇转变为中国的机遇、把中国的机遇转变为世界的机遇。

近年来,中国为加强文明古国交流、中外交流进行了一系列顶层设计与战略部署。例如，通过设立世界古代文明保护高峰论坛，搭建各国文化交流与合作的平台，以利于不同国家针对共同面临的问题发表各自看法、寻求解决之道。又如，不断扩展交流领域、提高交往规格，面对国际风云变幻，发出文明古国的共同声音，让全世界感受到古国文明的文化魅力，促进世界各国重视人与人和谐相处、人与自然和谐相处，建设一个共享文明福祉的新世界；等等。

中华文明的复兴，需要站在世界文明发展的高度，吸收人类文明的优秀成果，融会贯通各种文明，形成一个源于自己而属于世界的新文明体系。中国作为文明古国、负责任大国，需要从全球视野考虑资源配置，更加深入地融入全球体系，实现更大范围的包容性发展，推动形成更加公平合理的全球治理体系。为此，中国提出开放发展的新理念，倡导建设人类命运共同体，让爱好和平的国家和民族分享文明古国复兴的中国梦。这种情怀和担当，能够为其他文明古国复兴、为世界共同繁荣和永续发展提供有益启示与借鉴。

> 文化自信

挖掘中华五千年文明中的精华

中华优秀传统文化是中华民族的精神命脉,是凝聚人心、汇聚民力的强大精神力量,为中华民族克服困难、生生不息提供了强大精神支撑。习近平总书记强调:"如果没有中华五千年文明,哪里有什么中国特色?如果不是中国特色,哪有我们今天这么成功的中国特色社会主义道路?我们要特别重视挖掘中华五千年文明中的精华,把弘扬优秀传统文化同马克思主义立场观点方法结合起来,坚定不移走中国特色社会主义道路。"挖掘中华五千年文明中的精华,以时代精神激活中华优秀传统文化的生命力,需要深入研究和科学审视中华文明史,深入理解和准确把握中华文化血脉。

中华文明延绵不断,已有五千年的历史,具有深厚的历史与文化底蕴,与古代埃及文明、两河文明、印度文明并称为历史最悠久的世界四大文明。与这三个古文明相比较，能够清楚地看出中华文明的延绵不断。在中华文明发展进程中，春秋战国时期的"百家争鸣"具有十分重要的地位。儒家、道家、法家、阴阳家、名家、墨家、纵横家、兵家、杂家、农家，还有在街头巷尾讲故事的"小说家"等，诸子百家让中华文明迸发出耀眼光芒。"百家之学"渗透着溯本求源的辩证精神、天人合一的和谐精神、注重人格养成的道德精神、博采众家之长的文化会通精神、以天下为己任的经世致用精神，以及奋发图强、生生不息的自强精神等。

尤其是儒家创始人孔子把"人"作为理论探讨的中心，在中国思想文化史上首次系统地论述关于人的价值、人的理想、人的完善、人的道德、人际关系、人与自然的关系等问题。儒家最早提出君子"人格"概念，提倡敬老、养老、救济孤独残疾、勤劳勇敢等美德以及大同理想等，这些已成为中华民族的宝贵精神财富。

浩如烟海的中华文献典籍承载着延绵不断、传承发展的中华文明。中国古代大量鸿篇巨制中包含着丰富的哲学社会科学内容、治国理政智慧，为古人认识世界、改造世界提供了重要依据，也为中华文明提供了重要内容，为人类文明作出了重大贡献。

在这里，以儒学"十三经"为例来作一简要说明。儒家经书被誉为"经天纬地之作",西汉时有《诗》《书》《礼》《易》《春秋》"五经";东汉时"五经"加《孝经》《论语》成为"七经"。唐时《礼》扩为《周礼》《仪礼》《礼记》,《春秋》分别为《左传》《公羊传》《穀梁传》,加上《周易》《尚书》《诗经》,成为"九经";后又增加《论语》《孝经》《尔雅》,成为"十二经"。到宋代,"十二经"加上《孟子》,形成"十三经"。儒学从"五经"到"十三经"的发展,反映并适应了中国古代社会的政治和文化需要。这些经书具有"经世致用"的鲜明特色,对个人道德修养以及个人对家庭、社会、国家的责任有明确论述,在传统社会起到了以文化人的作用。

中华传统文化中的一些优秀文化精神跨越时空、超越国度、富有永恒魅力、具有当代价值,要求我们以时代精神激活其生命力。举例来说,中华优秀传统文化中的历史智慧、思想理念能够为构建人类命运共同体提供思想滋养,如"协和万邦""天下大同"思想提供了历史镜鉴,"尚中贵和""允执其中"思想提供了方法论基础,"立己达人""兼济天下"思想提供了重要精神源泉,等等。在与时俱进中对中华优秀传统文化进行创造性转化、创新性发展,必将进一步增强走中国特色社会主义道路的坚定性。

中华传统文明的思想智慧有利于改善全球治理

滕文生

中华传统文明作为世界上著名的文明形态，对人类文明的产生、发展和进步作出了伟大贡献。中华传统文明在古代中国产生以后，在东亚地区缔造了以儒学为主导的东亚文化圈，同时对东南亚文化、南亚文化、中亚文化、西亚文化的演进也产生了重要影响。不仅如此，中华传统文明所形成与积累的认识自然和社会的思想智慧、治理国家和社会的政治经验，中国农业、工业、商业和科学技术不断发展所积累的巨大生产力，曾长达十几个世纪处于世界领先地位。今天，中华传统文明的思想智慧对于改善全球治理仍然具有十分重大的意义。

当今世界已进入经济全球化发展阶段。这种由西方发达国家主导的经济全球化，一方面推动世界经济和科学技术实现了前所未有的发展，人类文明无论在物质方面还是在精神方面都取得了巨大进步，特别是物质的丰富程度是古代世界完全不能想象的；但另一方面由于受新自由主义的影响，经济全球化也带来种种问题和弊端。在世界发展格局中，广大发展中国家与发达国家在发展差距上的悬殊状态仍未得到根本改变；公正合理的世界政治经济秩序仍未建立，国际关系的民主化仍未实现，霸权主义、强权政治和新干涉主义等依然盛行；国际上的经济危机不时发生，发达国家内部的贫富悬殊以及由此带来的政治危机、社会危机也在加剧；世界不少地区处于动荡之中，军备竞争、恐怖主义、网络乱象等安全威胁相互交织，局部地区的冲突和战争不断，许多发展中国家的独立、主权和发展还面临这样那样的风险。因此，坚持和平、发展、合作、共赢，加强和改善全球经济、政治治理，使之有利于所有国家的发展和进步，已成为世界各国特别是广大发展中国家人民的共同呼声。为了推动人类社会不断发展进步，实现世界上东方与西方、南方与北方的各国人民所共同向往的和平、发展、合作、共赢的理想，我们必须为加强和改善各自国家的治理，加强和改善全球经济、政治治理而共同努力，使我们共同居住的这个星球和世界变得公正合理、光明美好。为此，我们要充分发挥各种历史文明与现实文明所积累的丰富多彩的思想智慧在改善全球治理中的指导、启示与借鉴作用。中华传统文明中所蕴含的可供全球治理借鉴的思想智慧，择其要者可以列举以下几个方面。

和而不同、有容乃大

和而不同、有容乃大，这是关于认识和处理事物之间异同关系的一种思想智慧。中国古代的许多思想家都对这一思想作过精辟阐述。孔子之前一个叫史伯的人就说过："和实生物，同则不继。"《管子·内业》中说："和乃生，不和不生。"《中庸》认为："和也者，天下之达道也。"这些话阐述了这样一个道理：世间的一切事物都是由矛盾着的各个侧面构成的一个统一体，彼此既对立又统一，并且在一定条件下相互转化，从而产生出新的事物。如果组成事物的各个侧面都是完全相同的，那就不会发生相互转化了，就永远是一个样子，不会有新的事物产生了。所以说，"和"与"同"是相异的，"和"不是绝对的同一，而是不同事物的和合相处。这种"和而不同"的思想，就是"对立统一"的哲学思想。而对立统一是一切事物发展的根本规律，是人类历史、人类文明发展的辩证法。我们倡导和坚持不同文明交流对话、互学互鉴和共同发展、共同繁荣，正是以这种"和而不同"的思想为哲学基础的。

所谓有容乃大，是说如同大海之所以浩瀚是因为它能容纳无数江河细流一样，每个国家和地区的文明只有善于学习和借鉴其他文明的有益成分，才能不断发展进步，不断创造出新的成就。无论哪一种文明，都是在流动、开放中得到传承和发展的，只有本着开放包容的态度，不断吸收其他文明的有益养料来丰富和发展自己，才能保持自己的优势，才能增强自己的生机与活力，才能持久地发扬光大。这是一切文明发展的规律。

当今世界，各国的社会制度、价值观念和文明特性不尽相同。不同文明之间只有互相尊重、平等相待、互学互鉴，"各美其美，美美与共"，我们共同生活的这个世界才会美好。如果只是对自己的文明孤芳自赏，认为是最好的，鄙视甚至打压别的文明，搞"只此一家，别无分店"的霸权主义，最终只能事与愿违，自己的文明也终将因孤寂而衰亡。中国倡导"一带一路"建设，以此来促进不同国家共同繁荣，建立利益共享的命运共同体，正是"和而不同、有容乃大"这一思想的生动体现。

独立自主、自强不息

独立自主、自强不息，这是关于认识和处理自己与他人关系的一种思想智慧。所谓独立自主、自强不息，是说一个民族、一个国家，在选择理论指导、社会制度、发展道路和实现民富国强的过程中，要坚持自尊自信、自己作主、自力更生、奋斗不息。当然，这并不是要拒绝他人和外部的支援、帮助，不是要拒绝合作，而是说要坚持自力更生为主、争取外援为辅，始终把国家和民族的发展建立在主要依靠自身力量的基点上。这样才能真正自主自强，而不会变成他人和外部力量的附庸。中华民族和中国人民正是在独立自主、自强不息精神的鼓舞下，才维护了古代中国的统一和经济社会的发展进步，才推进了近代以来中国的救国、兴国、强国大业。

智利著名诗人聂鲁达在一首诗中写道："我热爱我小小的寒冷国家，哪怕是它的一条树根""我也要在那里生""我也要在那里死"。

墨西哥著名诗人奥克塔维奥·帕斯也说过，一个没有了历史、没有了根的民族是可悲的，正像没有母亲的孩子是孤独的。这两位诗人写下这样的诗句和文句，所要表达的正是对于自己国家真诚的热爱与自信，对于独立自主、自强不息精神的尊崇与倡导。今天，要改善全球治理，就要懂得独立自主、自强不息是每个国家、每个民族赖以生存和发展的"根"。独立自主、自强不息的精神，不仅在每个国家的发展和治理中要倡导和坚持，而且在全球经济、政治治理中也要充分尊重和维护每个国家遵循这一精神来想问题、办事情的权利。

己所不欲、勿施于人

己所不欲、勿施于人，这是关于认识和处理国家、民族和人民之间道德关系的一种思想智慧。己所不欲、勿施于人，要求我们不能把自己不愿意承受的事情强加给别人，也不能把自己喜欢、信仰和追求的东西强加给别人。在处理国家、民族和人民之间的关系时，要能够设身处地多从对方角度考虑问题，多为对方着想，能够推己及人；能够既成己之得之利，亦成人之得之利。这一思想在18世纪末曾被写入法国的《人权宣言》，法国启蒙思想家伏尔泰认为它是"最纯粹的道德准则"，应该成为"所有人的座右铭"。这一思想还被国际社会誉为处理国家之间关系的"黄金法则"，镌刻在联合国总部大楼大厅的墙上。

古往今来，那些信奉弱肉强食、阶级压迫、民族歧视、强权政治和种种霸权主义的人,却极力排斥这个道德金律而施行"己所不欲、硬加于人"。但是,人类历史发展各个阶段的许多事实都已证明,凡是违背"己所不欲、勿施于人"这一道德金律而搞霸权主义的,其结果只能是害人又害己。在当今全球治理中,应该大力倡导和运用"己所不欲、勿施于人"这一思想,努力促进世界各国及其人民之间的平等互助、合作共进,以真正形成公正合理的国际政治经济秩序。

同舟共济、和平共处

同舟共济、和平共处,这是关于认识和处理国家、民族和人民之间平等政治关系的一种思想智慧。所谓同舟共济、和平共处,是说国家、民族和人民之间,不分贫富、大小、强弱,都应平等相待、互信互助、和睦相处,而不应以富欺贫、以大压小、以强凌弱。中国古代典籍中所说的"亲仁善邻,国之宝也""亲望亲好,邻望邻好""国虽大,好战必亡"等,都表达了对这种思想的崇尚。

当今世界存在着各种不同类型的国家、不同类型的民族。在各种国家中,有社会制度、发展程度不同之分,有规模大小、国力强弱之别;在各种民族中,有人口数量、经济文化水平不同之分,有宗教信仰、风俗习惯之别。因此,要始终倡导国家不分强弱、民族不分大小,都应一律平等相待、和平共处,这对于维护世界和平稳定和促进各国各民族共同繁荣进步是极为重要的。中国人民曾长期经受外来侵略和殖民的苦痛,深知和平相处之可贵,因此始终奉行和平外交政策，把同舟共济、和平共处作为处理国际关系的基本理念，为世界的和平与发展不断贡献智慧和力量。习近平总书记深刻指出：我们"不接受'国强必霸'的逻辑，愿意同世界各国人民和睦相处、和谐发展，共谋和平、共护和平、共享和平"。

实事求是、与时俱进

实事求是、与时俱进，这是关于认识和处理主观与客观、认识与实践的关系，主张主观与客观、认识与实践必须相符合相统一的一种思想智慧。所谓实事求是，是说要理论联系实际，一切从实际出发，使主观与客观、认识与实践相统一，在实践中检验一切治理国家和社会的认识、政策、措施、办法，坚持符合客观实际、客观规律的真理，修正脱离客观实际、违背客观规律的错误。只有这样，才能不断推动经济社会发展进步。实事求是这一思想，出自中国史籍《汉书·河间献王刘德传》，书中评价刘德是"修学好古、实事求是"。实事求是精神在中华文明的发展历程中是一以贯之的。中国历代知识分子和人民所倡导的求真务实、不尚空谈，言行一致、躬行实践等，都体现了实事求是精神。

与时俱进是实事求是精神的本质要求和内在体现。客观实际和社会实践是不断向前发展的，实际变化了、实践发展了，人们的认识以及要采取的政策、措施、办法也应随之相应变化和发展，否则就会同变化和发展了的实际与实践脱节，那就不是实事求是了。在中国历史上，与时俱进的思想也是源远流长和深入人心的。中国历史典籍中所倡导的"因时达变，与时偕行""推陈出新，革故鼎新""苟日新，日日新，又日新"等主张，都体现了这一思想。

当今世界的发展日新月异，新事物层出不穷，世界新一轮科技革命和产业变革正在孕育兴起，给各国的国家治理和全球治理提出了许多新课题。解决好这些新课题，努力运用好实事求是、与时俱进这一思想是很有必要也很有意义的。相反，如果故步自封、因循守旧，那是没有发展出路和光明前途的。

天人合一、俭约自守

天人合一、俭约自守，这是关于认识和处理人与自然、勤俭与奢华关系的一种思想智慧。所谓天人合一、俭约自守，是说人与自然界之间应该保持一种协调平衡状态。为此，人们应该节俭朴素，力戒奢华，防止过度向大自然索取，以免造成对大自然的破坏、对人与自然平衡关系的破坏。人类是自然界的一部分，应该服从自然规律，与自然界和谐相处；同时，人类在自然界面前不是无能为力的，通过发挥主观能动性，能够认识和掌握自然规律，利用自然资源为人类社会服务。但是，人类对自然的利用应该合理有序、俭约有度，如果过度滥用和浪费自然资源，就会受到自然界的惩罚。中国传统文化中的"俭，德之共也；侈，恶之大也""历览前贤国与家，成由勤俭败由奢"等脍炙人口的警句，都表达和强调了珍惜和节约自然资源、力戒奢华的天人合一思想对于治家治国的极端重要性。

随着经济全球化的快速发展，人类社会获得了前所未有的文明成就；但与此同时，全球资源枯竭和生态环境恶化也到了前所未有的程度。现在应该到了反躬自问的时候了：今天我们与自然的关系是不是严重失衡了？我们是不是从自然那里索取得太多了？如果人们追求物质利益的欲望无限度地膨胀下去，将给我们赖以生存的自然界、给人类自身带来怎样的恶果？一切关心地球命运的科学家、思想家、政治家应该高度关切并严肃回答这些问题。毫无疑义，改善全球治理应认真借鉴和积极践行天人合一、俭约自守的思想。

《人民日报》（2017年1月11日）

★ 拓展阅读

儒学文化的特性与前途

儒学文化产生于中国,是中国古代文明形成和发展的主要源泉。早在公元前后的三四百年间,就由中国传到朝鲜半岛、日本和越南北部地区,逐渐形成了东亚儒学文化圈。正如日本学者西嶋定生在《东亚世界的形成》一文中所说的:"东亚世界是以中国文明的发生和发展为基础而形成的,随着中国文明的开发,在那里形成以中国文明为核心而自我完成的文化圈。"在后来的千百年间,儒学在世界文明发展中发挥了不可磨灭的作用。

中国的明末清初是指16世纪中叶至18世纪中叶的两百年间。此时的欧洲已经历文艺复兴、地理大发现和宗教改革,进入向资本主义社会前进的历史时期。承担这次中欧思想文化交流任务的主要力量,是双方尤其是欧洲的宗教人士、商人、学者,还有一些官员、使节。他们既向中国人介绍和传播"西学",又向欧洲人介绍"中学"。所谓"中学",就是包括中国的历史、思想、文化、政治制度和风物民情等方面的知识与学问。在介绍和传播"中学"中，他们所做的工作主要是：第一，将中国的历史文化典籍译成拉丁文等文本，在欧洲出版发行。例如，他们相继译成拉丁文本的中国历史文化典籍有《书经》《诗经》《易经》《大学》《中庸》《论语》《老子》等。第二，将他们所了解的中国历史文化和现实社会情况用拉丁文等写成各种著作，在欧洲出版发行。据不完全统计，从1687年至1773年的近百年中，来华的耶稣会士用拉丁文等写了252种与中国有关的著作。第三，相继写了大量介绍中国情况以及他们对中国历史和现实认识的报告、材料等，呈送给罗马教廷和欧洲有关国家的当政者以及有关学者等。第四，介绍或直接带领中国的一些官员、教徒、学者和学生前往欧洲进行考察与学习。总体来看，在中国明末清初进行的中欧思想文化交流对中国和欧洲都产生了重要影响。对于欧洲来说，随着"中学"西传，出现了从17世纪末到18世纪末整整一个世纪的"中国热"。这一文化现象，不仅表现在欧洲人对中国物质产品的钦慕和追求上，更重要的是表现在他们对中国思想文化的学习和借鉴上。

伏尔泰是当时研究、了解和谈论中国最多的一位欧洲启蒙思想家，他论及中国的著作将近80种、信件200余封。他把孔子的"己所不欲，勿施于人""己欲立而立人，己欲达而达人"等格言奉为座右铭。重农学派的创始者魁奈也非常重视对中国思想文化的研究，他认为"中国不是一个可望而不可即的仰慕对象，而是一个可以仿效的典范"。因此，伏尔泰、魁奈曾被人称为"欧洲的孔子"。对于17世纪末至18世纪末在欧洲出现的"中国热"，法国学者莫里斯·罗班曾做过这样的描述:"在启蒙时代的西方,中国简直是无所不在。"

在当今世界,儒学的思想价值可以用来为实现各国各地区共同发展、维护世界和平、建立以合作共赢为核心的世界新秩序、促进和改善全球治理服务。这是由儒学所具有的本质特性决定的。儒学在中国产生以后,不仅存在和发展于中国,而且传播到亚洲和世界其他地方,一直传承和延续到今天。儒学具有持久不衰的生机与活力,有着不断进步的发展前途,也是由它所具有的本质特性决定的。那么,儒学具有哪些本质特性呢?

开放包容的特性,所以它对别的学说能够兼收并蓄、海纳百川,能够在共存之中取人之长、补己之短,也就能够不断地丰富和发展自己。当孔子所代表的儒家思想产生之时,与它同时并立的还有老子所代表的道家思想、墨子所代表的墨家思想等。正是由于虚心向道家、墨家等学说学习,认真从中吸取思想营养,儒家思想才成为春秋战国时期诸子百家中首屈一指的"显学"。当它传播到东亚其他地区时,又能与当地的思想文化相融合,促进了东亚文化圈的形成。当佛学传入中国后,儒学不仅与之共存,而且将其引为自己的借鉴取长对象。这些都体现了儒学开放包容的特性,以及由此具备的生生不息的发展活力。

实事求是的特性,所以它要求人们"惟是以求、知错即纠",而不能"知错不改、文过饰非"。实事求是的精神,是中国历代儒学学者所追求和坚持的。东汉著名儒学思想家王充的《论衡》一书有《问孔》《刺孟》两篇文章。文章认为,即使对孔子、孟子这样的圣贤,如果发现他们思想中有疏失有错误,也应加以"问难",以纠"非"而明"是"。他说:"夫圣贤下笔造文,用意详审,尚未可谓尽得实,况仓卒吐言,安能皆是?"像王充这样敢于指出和纠正前辈儒学思想家著述与言行中错误的学者,在古往今来的中国儒学界所在多有。这说明,求实、求真、求是是儒学文化所具有的重要特性。

经世致用的特性,所以它要求人们做到"知行合一、躬行为务"。所谓经世致用,就是要坚持将儒学的道德要求和思想主张应用于个人的修养和国家、社会的治理,也就是儒学大家们坚持倡导的"修身、齐家、治国、平天下"和"实干兴邦"。在西汉时期,著名儒学思想家董仲舒提出"罢黜百家、独尊儒术"的方针,为汉武帝所采纳。实行这一方针的目的和实质,就是要把积极进取、致用为上的儒家学说确立为治国理政的主导思想。正是由于儒学作为中国传统文化的主干,充分发挥了治国理政、开物成务的实践功能,才不仅成就了它对中国文明发展不断作出重大贡献,而且保证了它不断从社会实践中汲取养分,不断丰富和发展。这也是儒学能够长久保持旺盛生命力的一个法宝。

与时俱进的特性,所以它能够"因时达变、推陈出新"。主张惟陈言之务去、弃旧而图新,反对蹈常袭故、陈陈相因,是中国历代儒学学者和儒学工作者为学与治世的共同追求。儒学产生后的两千多年间,经历过多次大的自我更新与演进。先是从先秦时期的儒家学说演进为两汉时期的经学;后来又经过魏晋南北朝和隋唐的儒释道三学并立与交融互鉴,演进为宋明时期的理学;随后又经过总结和吸取理学过于空疏的教训,演进为清朝时期的实学。新中国成立后，经过对传统儒学去粗取精、去伪存真的改造，弘扬和发展儒学所蕴含的思想精华，使之为社会主义事业服务，成为社会主义精神文明的组成部分。

今天的人类社会无论物质文明还是精神文明都取得巨大进步，尤其是物质文明的进步达到了古代世界完全不可想象的繁荣境地。这些都为人类命运共同体的构建创造了前所未有的有利条件。但是，经济全球化也像其他事物一样，有利也有弊，是利弊共存的对立统一体。它在给人类带来巨大利益与进步的同时，也带来了不少弊端与难题。例如，贫富差距持续扩大，物欲追求奢华无度，个人主义恶性膨胀，社会诚信不断消减，伦理道德每况愈下，人与自然关系日趋紧张，等等。要消除和解决这些弊端与难题，不仅需要运用人类社会今天创造和发展的各种智慧与力量，而且需要运用世界各种文明以往所积累和储存的一切智慧与力量。毫无疑义，对于具有悠久历史的儒学文化，应充分挖掘其蕴集的丰富思想价值，结合经济全球化、社会现代化的实际，实现其新的创造性转化和发展，使之为改进全球治理，为消除和解决经济全球化、社会现代化中存在的弊端与难题作出更大贡献。儒学文化的应用与发展前景是光明的。

习近平总书记指出："包括儒家思想在内的中国优秀传统文化中蕴藏着解决当代人类面临的难题的重要启示，比如，关于道法自然、天人合一的思想，关于天下为公、大同世界的思想，关于自强不息、厚德载物的思想，关于以民为本、安民富民乐民的思想，关于为政以德、政者正也的思想，关于苟日新日日新又日新、革故鼎新、与时俱进的思想，关于脚踏实地、实事求是的思想，关于经世致用、知行合一、躬行实践的思想，关于集思广益、博施众利、群策群力的思想，关于仁者爱人、以德立人的思想，关于以诚待人、讲信修睦的思想，关于清廉从政、勤勉奉公的思想，关于俭约自守、力戒奢华的思想，关于中和、泰和、求同存异、和而不同、和谐相处的思想，关于安不忘危、存不忘亡、治不忘乱、居安思危的思想，等等。中国优秀传统文化的丰富哲学思想、人文精神、教化思想、道德理念等，可以为人们认识和改造世界提供有益启迪，可以为治国理政提供有益启示，也可以为道德建设提供有益启发。"同样，世界上其他各种历史文化中蕴含的各具特色的思想价值，也都应结合当今的时代条件加以继承和弘扬，使之共同为消除经济全球化、社会现代化中存在的弊端，为解决经济全球化、社会现代化带来的难题，促进世界和平与各国共同发展，造福于人类的现在与未来服务。

儒学文化与世界上其他传统文化一样，在形成和发展过程中，不可避免会受到当时人们的认识水平、时代条件、社会制度等局限性的制约和影响，因而不可避免会存在一些陈旧过时或已成为糟粕的东西。这就要求人们在学习、研究、应用儒学文化时，坚持革故鼎新、择善而从，取其精华、弃其糟粕，而不能不加分析地照套照用。具体说来，一要采取有鉴别、有扬弃的继承态度；二要把握好继承的目的是古为今用、以古鉴今，而不是厚古薄今、以古非今；三要紧密结合新的社会实践和时代要求，不断总结和吸取实践中的新鲜经验，使儒学文化的思想精华能够因时制宜，实现新的转化、升华和发展。

> **文化自信**

文化自信是强大的精神力量

　　历史和现实都表明,一个抛弃了或者背叛了自己历史文化的民族,不仅不可能发展起来,而且很可能上演一场历史悲剧。文化自信是发自内心地对自身文化的价值、能力和前途的坚信,是一种内在的精神力量。文化自信的文化,是民族意义上的文化。换言之,我们所讲的文化自信是对民族文化的自信,是在文化层面对本民族自我价值、自我能力和自我发展前景的自觉持守和淡定心态。

　　文化自信先表现为文化自觉。文化自觉是一个民族对于自身文化之由来、发展历程、内在特质、现实状况、发展趋势的理性把握,对于自身文化与其他民族文化关系的理性把握。就我国而言,对以爱国主义为核心的民族精神的弘扬,对以改革创新为核心的时代精神的光大,对中华优秀传统文化的创造性转化、创新性发展，对民族历史文化传统的理性清理，既是文化自觉的当代表现，更是文化自信的切实践行。

最近几十年，我们肯定民族文化的价值，对历史悠久的中华文化怀有温情和敬意，对包括先秦子学、两汉经学、魏晋玄学、隋唐佛学、宋明理学、清代朴学和新学等不同学术繁荣时期的价值有深刻认识，对老子、孔子、墨子等一大批思想大家倍加推崇，对浩如烟海的传统典籍进行认真整理和创造性阐发。这些都不是外力强加给我们的，而是经过长期的实践后积淀于我们内心的价值认同，是经过自我反省、自我批判后自我超越的结果，是对民族文化的价值坚守。这也表明，我们的文化自觉意识日益增强，作为文化自觉最高表现形态的文化自信日益坚定。

文化自信也表现为自觉的文化批判和价值重构。在积极传承中华优秀传统文化的同时，能够清醒地看到民族传统文化的不足，勇于并善于对其进行清理，通过文化批判为新的价值重构创造条件，是中华民族素有的襟怀和胆魄。中国历史上不同学派、不同思想相互激荡，往往在碰撞中相互吸收甚至相互融合，这中间就包含着文化批判和价值重构。

明清之际启蒙思想家对专制政治和专制帝王的批判，都是对传统文化糟粕深入骨髓的批判。近代谭嗣同、梁启超等希望通过对传统文化的批判拯救中国。五四新文化运动以后，在中国共产党领导下,我们对民族传统文化进行了批判性继承和创造性发展,创建了民族的、科学的、大众的新民主主义文化。通过对民族传统文化的清理、对西方文化合理成分的吸纳,进行新的价值重构,我们不断坚定文化自信。

文化自信还表现为对民族文化当下状况的充分肯定和对未来前景的满怀信心。建设中国特色社会主义文化,在全社会培育和弘扬社会主义核心价值观,光大并践行中国精神,是我们基本的价值取向。这不仅是价值观自信的表现,更是我们文化自信的集中体现。我们坚信能使中华民族最基本的文化基因与当代文化相适应、与现代社会相协调,把跨越时空、超越国界、富有永恒魅力、具有当代价值的文化精神弘扬起来。我们坚信中华文化将同各国人民创造的文化一道为人类提供正确精神指引。

显而易见,我们的文化自信来自中华民族的长期发展尤其是改革开放以来的快速发展。习近平总书记指出:"我们走自己的路,具有无比广阔的舞台,具有无比深厚的历史底蕴,具有无比强大的前进定力。中国人民应该有这个信心,每一个中国人都应该有这个信心。"是的,我们应该有而且一定有这个信心,因为我们的这种自信是文化自信的凝聚。

中华民族文明传统和中国共产党

郑必坚

中国共产党 96 岁了！相对于中华民族 5000 多年的历史，96 年是非常短暂的。但是，正是这短短的 96 年，中国共产党深刻改变了近代以来中华民族发展的方向和进程。

这种"深刻改变"，不是丢掉中华民族文明传统，也不是另造一个不同于中华文明的什么文明，而是使具有悠久辉煌文明历史的中华民族打碎半殖民地半封建的枷锁，站起身来，进而走上社会主义道路，再经过改革开放使中华民族文明传统在中国特色社会主义现代化进程中焕发出新的蓬勃生机。

> **要了解中国共产党为什么能够使中华文明焕发出新的蓬勃生机，首先就要了解中国共产党的根本性质，了解中国共产党和中华民族是什么关系**

（一）中国共产党是一个什么样的党？《中国共产党章程》这样说："中国共产党是中国工人阶级的先锋队，同时是中国人民和中华民族的先锋队，是中国特色社会主义事业的领导核心，代表中国先进生产力的发展要求，代表中国先进文化的前进方向，代表中国最广大人民的根本利益。"这就是"两个先锋队"的定性。

实际上，这是中国共产党关于自身性质一以贯之的深刻观念。早在1935年12月，中共中央政治局就已经明确强调"中国共产党是中国无产阶级的先锋队""同时中国共产党又是全民族的先锋队"。这也就是说，中国共产党作为"共产党"，是工人阶级的先锋队；同时，中国共产党又是"中国"的共产党，因而又是中国人民和中华民族的先锋队。

这样以"两个先锋队"来规定自身性质的党，在国际共产主义运动中前所未有，在世界政党史上举世无双。

（二）"两个先锋队"，鲜明而集中地表达了具有中国共产党人特色的立场、观点、方法，鲜明而集中地表达了中国共产党区别于近代以来中国其他一切政党的本质特点，鲜明而集中地表达了中国共产党的"根"和"魂"。

请看吧，中国共产党正是在中华民族救亡图存的时代大潮和历史背景下诞生的。我们常讲，中国共产党是马克思列宁主义和中国工人运动相结合的产物。在中国，无论是马克思列宁主义的传入，还是中国工人阶级登上历史舞台，都是为了拯救民族危亡。中国共产党在民族救亡的时代大潮中应运而生，从立党第一天起就是为民族解放而奋斗的先锋队。

请看吧，创党时期的中国共产党人，无论是李大钊、陈独秀，还是毛泽东、周恩来，都深受中华民族文明传统的熏陶，有着强烈的爱国情怀。他们向西方寻求真理也是为了救国救民，而当他们从爱国主义走上共产主义道路并创建中国共产党后，依然是伟大的爱国主义者。这样的爱国情怀，在中国共产党人中已经成为不可动摇的伟大传统。正如毛泽东同志所深情指出的那样，中国共产党人，是"伟大中华民族的一部分而与这个民族血肉相连"。

请看吧，中国共产党在领导革命、建设和改革的各个历史时期制定的救国、兴国、强国的政治路线，都贯穿着"中华民族伟大复兴"这同一个主题。这些政治路线集中体现了这个党是一个敢于为民族担当又善于为民族担当，能够扭转中华民族历史命运、引领中华民族持续走向繁荣富强的先锋队。

再请看吧，1840年鸦片战争之后的中国，在有如大浪淘沙的民族民主革命运动中，封建复古派不行了，西化派不行了，依靠西方实行半殖民地半封建统治不行了，还有中国共产党党内把马克思主义教条化的那一套也不行了。只有作为"两个先锋队"，以中国化马克思主义武装起来的中国共产党人，才能够真正救中国。这是中国人民基于长期救国斗争反复检验而作出的历史抉择。这也是基于近代以来中国各派政治势力反复较量的结果而得出的总结论。

（三）也正因为这样，中国共产党才能在长达96年的革命、建设和改革各个时期，真正从国内大局和国际大局这两个大局出发，从国家、民族、人民的大义出发，无论挑战何等巨大、局势何等复杂，甚至错误和曲折也不在少数，终归能够以大无畏的革命气概，赶上时代而又继承传统，作出爱国主义和共产主义相结合的伟大业绩。

历史事实就是这样：不赶上时代，只能落后挨打；不继承传统，只能丧失根基；不在中国大地落地生根，一切无从谈起。这也即是毛泽东同志所说的，"如果不懂得从改造中国中去认识中国，又从认识中国中去改造中国，就不是一个好的中国的马克思主义者"。

（四）96年走过来，这里就有我们党已经正式作出明确结论的马克思主义中国化的两大理论成果：毛泽东思想和以邓小平理论为开启的中国特色社会主义理论体系。

马克思主义中国化的第一大理论成果——毛泽东思想，指引中国共产党在继承传统中带领中国人民赶上时代。结果是，中国人站起来了，成立了新中国，建立了社会主义制度。

马克思主义中国化的第二大理论成果——以邓小平理论为开启的中国特色社会主义理论体系，指引中国共产党在继承传统中带领中国人民赶上时代。结果是，中国人富起来了，经济总量上升为世界第二，社会主义制度历经各种艰巨挑战而不断完善、更加强大。

中国特色社会主义还在继续实践当中，马克思主义中国化还在继续深化当中。党的十八大以来，以习近平同志为核心的党中央以坚持把中国特色社会主义这篇大文章写下去的高度自觉，在改革发展稳定、内政外交国防、治党治国治军等各个方面，创造性地形成了治国理政新理念新思想新战略，丰富和发展了中国特色社会主义理论体系。

专就"继承传统"而论，中国共产党在推进马克思主义中国化的伟大进程中，又是怎样从党的思想路线和政治路线高度来继承中华民族文明传统的呢

（一）我们强调"从党的思想路线和政治路线高度来继承中华民族文明传统"，即是说，不是着重于领导者的个人学识修养，不是着重于学术各家各派，也不是仅限于文化领域，而是着重从中国共产党在各个时期的思想路线和政治路线的高度，紧密联系成功经验和失败教训，包括紧密联系经过失败之反思而后达到成功的曲折历史进程，来看党是怎样继承中华民族文明传统的。

（二）基本的事实，来自中国共产党的历史实践，主要有以下十六点。

第一，中国共产党突破国际共运的常规，高举起"是中国工人阶级的先锋队，同时是中国人民和中华民族的先锋队"的伟大旗帜，明确宣告自己在当今时代的历史使命就是实现中华民族的伟大复兴，就是实现中华文明的伟大复兴。这一条，贯通于96年来具有中国共产党人特色的全部立场、观点、方法，贯通于中国共产党的全部奋斗历程。

第二，中国共产党对于中华民族文明传统的总态度总方针，就是毛泽东同志的著名论断：一是充分肯定"我们这个民族有数千年

的历史，有它的特点，有它的许多珍贵品"。二是明确强调"从孔夫子到孙中山，我们应当给以总结，承继这一份珍贵的遗产"。三是郑重提出"学习我们的历史遗产，用马克思主义的方法给以批判的总结，是我们学习的另一任务"。正是根据这个总态度总方针，还在艰苦的战争年代，中国共产党就组织发表了一系列用马克思主义观点研究中国传统文化的成果，既回击了"共产主义不合中国国情"等反共叫嚣，又在民族救亡的斗争中"发展民族新文化提高民族自信心"，并推进了马克思主义中国化。

第三，对于直接催生了中国共产党的1919年五四运动，中国共产党郑重确认这个"反帝反封建的爱国运动"乃是中国由旧民主主义革命到新民主主义革命的伟大转折点。中国共产党分析了五四运动的功绩和不足，继承了这个运动的"生动活泼的，前进的，革命的"主流，并且以此强有力地推进了党对自身党风学风的改造和人民大革命。

第四，中国共产党之所以能够开辟出一条以农村为主要阵地，以农民为主力军，以农村包围城市，最终夺取全国政权的胜利道路，当然也是同认真体察中国国情和中国历代农民战争的历史经验分不开的。

第五，中国共产党的军事思想，包括党领导的人民游击战争的战略地位，抗日战争作为持久战由防御到相持再到反攻的战略道路，以及全国解放战争时期战略决战思想的伟大实践，都离不开对中国历代军事思想和军事斗争包括农民战争经验教训的把握。中国古代军事思想是中国共产党军事思想的重要来源。

第六，成功地运用统一战线，是中国共产党的又一项基本历史经验。中国共产党的统一战线思想，不仅来自历史唯物主义阶级分析方法和马克思主义的策略思想，还来自中华民族自古以来就深入人心的"大义为重""和而不同""求同存异"等宝贵思想。

第七，在党的建设问题上，中国共产党首先注重的是思想路线，是"实事求是"，并给"实事求是"这样的中国古代成语赋予马克思主义认识论的新意。延安整风时期为克服教条主义而提出的"古今中外法"（研究历史、研究现状、研究国际经验和马克思主义理论），成为中国共产党人必须遵循的科学态度和基本方法。与此同时，中国共产党又以"惩前毖后、治病救人"和"团结、批评、团结"这样的中国特色语言作为党内政治生活准则，也是国际共产主义运动从未有过的。

第八，"为人民服务"和"群众路线"，是中国共产党长期坚持的、已为中国人民所家喻户晓的根本宗旨和工作路线。这同中国自古就有的"民贵君轻""民惟邦本"和"夫君者舟也，人者水也。水可载舟，亦可覆舟"等道理是一脉相承的。

第九，"人是要有一点精神的。"中国共产党在长期的革命进程中形成了井冈山精神、长征精神、延安精神、西柏坡精神等一系列崇高精神。这些精神，从根本上说，来自党和人民奋斗的实践，同时也来自中华民族优良的文明传统。中国共产党的革命精神内在地包含着中华民族的精神之光。

第十，新中国成立前夕毛泽东同志提出的"进京赶考"，以及把郭沫若所写的关于李自成打进北京后腐败垮台的《甲申三百年祭》

作为整风文件，已成为几代中国共产党人面对历史新考验之自我警醒的箴言。

第十一，"统筹兼顾"与正确区分和处理两类不同性质的矛盾，是中国共产党执政后处理复杂社会矛盾的基本方针。这是具有中国人"兼容"思想的治国方针。毛泽东同志说："这是一个什么方针呢？就是调动一切积极力量，为了建设社会主义。这是一个战略方针。"

第十二，中国共产党在20世纪50年代作为学术文化指导方针提出的"百花齐放、百家争鸣"，以直接引用春秋战国时期"百家争鸣"提法的方式，强调发扬中华民族文明传统中思想活跃、兼容并包的重大特色，在中国共产党人和中国人民中起了巨大而深远的解放作用。

第十三，启动了马克思主义中国化第二次飞跃的党的十一届三中全会和十一届六中全会通过《关于建国以来党的若干历史问题的决议》，仍然以"解放思想、实事求是"作为贯通全局的主题。经过党的十一届三中全会，以邓小平同志为代表的中国共产党人重新确立了"实事求是"的思想路线，制定了以经济建设为中心、坚持四项基本原则和坚持改革开放的"一个中心、两个基本点"的基本路线。

第十四，中国古人把"小康"作为与"大同"相对应的社会理想，"小康"在中国共产党关于当代中国到21世纪中叶实现社会主义现代化的科学布局中得到强有力的升华。这就是确认在"解决温饱"后，将经过"进入小康"和"全面小康"两个阶段，而后再经过30年努力奋斗达到"社会主义现代化"。当前中国的现实生动表明,"全面小康"和"社会主义现代化"的目标受到全国人民的热烈赞同和企盼,为凝聚全党全社会共识发挥了历史性巨大作用。

第十五,实现中华民族伟大复兴,这是一个把中华民族的过去、现在和未来如此紧密又如此生动地联结在一起的追求,是中华民族近代以来最伟大的梦想。这个中国梦,是中国共产党"两个先锋队"性质的充分体现,是中国共产党引领中华民族"继承传统"又"赶上时代"双重使命的生动反映,是多少代中国人和中国共产党人爱国情怀和文化自信的最集中表达。

第十六,最后,还必须如实指明的一点,是关于中国共产党96年战斗历程中的错误和曲折。96年走过来,我们这个党多灾多难。但我们这个党又有一个长处,就是能够纠正自己的错误,并从错误中吸取教训,从错误中翻身,进而取得更大的进步。96年的历史,不就是这样走过来的吗?冷静反思,这种情况,首先当然是同党坚持"两个先锋队"的根本性质和立党为公、执政为民的根本原则分不开,同党在中国人民中间的长期深刻影响分不开,同党的机制和党的奋斗精神、经验积累特别是自觉整风传统分不开;但与此同时,不能不说这也反映出中华民族"以史为鉴""知错能改,善莫大焉"的深刻文化影响。

(三)以上十六点,并不完全,但仅就这十六点,可以大体反映出中国共产党是怎样从思想路线和政治路线的高度来继承中华民族文明传统的。这种继承是全局性的,而不局限于文化领域。这种继承又是贯穿于革命、建设和改革全过程的,而不局限于新中国成立以后。这就是以"十六点"重大列举的方式所要表达的作为"两个先锋队"的中国共产党同中华民族文明传统的关系,所要表达的中国共产党的"根"和"魂"的历史由来和发展。

党的十八大以来,中国共产党又是怎样从新的历史起点出发,围绕实现中华民族伟大复兴的中国梦,把"继承传统"和"赶上时代"更加紧密地结合起来的呢

(一)党的十八大以来,由党的十一届三中全会开启的伟大的思想解放运动进入新的历史阶段。以习近平同志为核心的党中央在继续推进中国特色社会主义事业伟大征程中,在新的思想解放中把对中华民族文明传统的继承和创新提到新的高度。应当说,短短四年,"赶上时代"有重大发展,"继承传统"也有重大发展。

(二)这里着重就党的十八大以来围绕治国理政提出的十项重大方针,看党中央"继承传统"这一指导理念的突出发展。

第一,关于中国特色社会主义与中华民族文明传统。习近平总书记多次强调:"一个民族、一个国家,必须知道自己是谁,是从哪里来的,要到哪里去,想明白了、想对了,就要坚定不移朝着目标前进。"习近平总书记在第十二届全国人民代表大会第一次会议上讲话指出,中国特色社会主义道路不仅是在改革开放30多年伟大实践、新中国成立60多年持续探索和对近代以来170多年中华民族发展历程的深刻总结中走出来的,而且是在对中华民族5000多年悠久文明的传承中走出来的。实现"两个一百年"奋斗目标和中华民族伟大复兴中国梦,既深深体现了今天中国人的理想,也深深反映了先人

们不懈追求进步的光荣传统。

第二，关于"四个全面"战略布局与中华民族文明传统。党的十八大以来，党中央形成和完善了"四个全面"战略布局，要求全党围绕全面建成小康社会这个战略目标，在全面深化改革、全面依法治国和全面从严治党进程中，完善和发展中国特色社会主义制度，推进国家治理体系和治理能力现代化。习近平总书记指出，一个国家选择什么样的治理体系，是由这个国家的历史传承、文化传统、经济社会发展水平决定的，是由这个国家的人民决定的。习近平总书记还带领中央政治局的同志学习中国历史上的治国理政经验，为推进国家治理体系和治理能力现代化提供有益借鉴。

第三，关于新发展理念与中华民族文明传统。为破解经济发展新常态下的种种挑战，党中央强调要主动适应新常态、把握新常态、引领新常态，提出了创新、协调、绿色、开放、共享的新发展理念。新发展理念，针对的是经济发展新常态及其提出的时代课题，反映的是经济社会发展的客观规律，同时贯穿着中华民族"自强不息""厚德载物""苟日新、日日新、又日新""尚和合"、不能"竭泽而渔"等文明传统。

第四，关于社会主义民主政治与中华民族文明传统。习近平总书记指出，健全社会主义协商民主制度是"我国政治体制改革的重要内容"。习近平总书记引用毛泽东同志关于"国家各方面的关系都要协商"和周恩来同志关于"新民主主义的议事精神不在于最后的表决，主要是在于事前的协商和反复的讨论"等论述，强调"有事好商量，众人的事情由众人商量，找到全社会意愿和要求的最大公约数，是人民民主的真谛"。协商民主是中国社会主义民主政治中独特的、独有的、独到的民主形式，它源自中华民族长期形成的"天下为公""兼容并蓄""求同存异"等优秀政治文化，源自近代以来中国政治发展的现实进程，源自中国共产党领导人民进行革命、建设、改革的长期实践，源自新中国成立后各党派、各团体、各民族、各阶层、各界人士在政治制度上共同的伟大创造，源自改革开放以来中国在政治体制上的不断创新，具有深厚的文化基础、理论基础、实践基础、制度基础。

第五，关于社会主义核心价值观与中华民族文明传统。针对现实社会生活中存在的价值目标缺失、价值取向多元、价值准则混乱等问题，党中央把倡导社会主义核心价值观作为全社会思想文化建设的重点。习近平总书记对社会主义核心价值观的内涵从国家、社会、个人三个层面作了精辟阐释。习近平总书记还指出，中国古代历来讲"格物致知""诚意正心""修身齐家""治国平天下"。从某种角度看，"格物致知""诚意正心""修身"是个人层面的要求，"齐家"是社会层面的要求，"治国平天下"是国家层面的要求。提出社会主义核心价值观，把涉及国家、社会、公民的价值要求融为一体，既体现了社会主义本质要求，又继承了中华优秀传统文化，还吸收了世界文明有益成果。

第六，关于反腐倡廉与中华民族文明传统。"民心是最大的政治，正义是最强的力量。正所谓'天下何以治？得民心而已！天下何以乱，失民心而已！'""得民心者得天下，失民心者失天下，人民拥护和支持是党执政的最牢固根基。"习近平总书记这些充满政治智慧和下决心从严治党的有力论述，是针对现实问题的，同时也反映了中国历史的经验教训。在推进反腐倡廉过程中，习近平总书记还主持中央政治局专题学习了中华民族历史上的反腐倡廉，并说："研究我国反腐倡廉历史，了解我国古代廉政文化，考察我国历史上反腐倡廉的成败得失，可以给人以深刻启迪，有利于我们运用历史智慧推进反腐倡廉建设。"

第七，关于干部队伍建设与中华民族文明传统。习近平总书记一再强调，"尚贤者，政之本也。""为政之要，莫先于用人。""宰相必起于州部，猛将必发于卒伍。"习近平总书记要求组织部门坚持"德才兼备，以德为先"的用人标准，健全干部选拔任免和"能上能下"制度，着力培养党和人民需要的好干部；并强调，"君子为政之道，以修身为本。"共产党人更应该强化自我修炼、自我约束、自我塑造，在廉洁自律上做出表率。习近平总书记希望全党各级干部"吾日三省吾身"，做到严以修身、严以用权、严以律己，谋事要实、创业要实、做人要实。特别是，要牢记"空谈误国，实干兴邦"的历史经验。

第八，关于中国和平发展道路与中华民族文明传统。习近平总书记强调，始终不渝走和平发展道路，不仅是我们党根据时代发展潮流和我国根本利益作出的战略抉择，也是中华民族优良传统的继承和发展。习近平总书记指出："中华民族是爱好和平的民族。消除战争，实现和平，是近代以后中国人民最迫切、最深厚的愿望。走和平发展道路，是中华民族优秀文化传统的传承和发展，也是中国人民从近代以后苦难遭遇中得出的必然结论。"

第九,关于"一带一路"建设与中华民族文明传统。面对进入21世纪以来全球经济发展的新变化,习近平总书记提出要像2000多年前张骞开辟丝绸之路那样,同欧亚国家共同建设"丝绸之路经济带"和"21世纪海上丝绸之路"。习近平总书记强调,两千多年的对外交往历史证明,只要坚持团结互信、平等互利、包容互鉴、合作共赢,不同种族、不同信仰、不同文化背景的国家完全可以共享和平、共同发展。

第十,关于中国特色社会主义道路自信、理论自信、制度自信、文化自信与中华民族文明传统。习近平总书记反复强调,中华民族在几千年历史中创造和延续的中华优秀传统文化,是中华民族的根和魂。中华优秀传统文化已经成为中华民族的基因,植根于中国人内心深处,潜移默化影响着中国人的思想方式和行为方式,形成了中华民族独特的世界观、人生观、价值观、审美观等。习近平总书记深刻指出:"我们说要坚定中国特色社会主义道路自信、理论自信、制度自信,说到底是要坚定文化自信。文化自信是更基本、更深沉、更持久的力量。历史和现实都表明,一个抛弃了或者背叛了自己历史文化的民族,不仅不可能发展起来,而且很可能上演一场历史悲剧。"

(三)以上这十点,也并不完全。但仅从这十点,仍可充分体会到党的十八大以来党中央制定的每一个具有鲜明时代性的重大方针中都包含着深刻的传统性。与此同时,又可以充分体会到,新陈代谢是思想文化发展和社会进步的基本规律。正如习近平总书记在中央政治局第十三次集体学习时指出的,弘扬中华优秀传统文化,"要处理好继承和创造性发展的关系，重点做好创造性转化和创新性发展"。这就是新形势下中国共产党对待传统文化的基本态度和基本方针。

在中国特色社会主义旗帜下坚持"继承传统"又"赶上时代"，努力实现"两个一百年"奋斗目标

（一）中国共产党作为举世无双的"两个先锋队"，以中国化马克思主义为指导，融爱国主义和中国化马克思主义为一体，"继承传统"与"赶上时代"紧密结合，并且以此作为自己的"根"和"魂"。这是贯穿中国共产党 96 年全部历史的一条带有根本性的历史经验。

面对国内大局和国际大局这两个大局的持续深刻大变动，习近平总书记要求"不忘初心，继续前进"，这是对继承传统又赶上时代这个带有根本性的历史经验在新的历史条件下的坚持和深化。"不忘初心"，就要"继承传统"；"继续前进"，就要"赶上时代"。而归根到底，就是要高举中国特色社会主义伟大旗帜，在中国共产党人的指导思想上始终坚持马克思主义中国化、时代化、大众化，在中国人的精神生活中始终坚持同中国特色社会主义相统一的爱国主义。

（二）爱国主义在中国历史上之所以能够成为特别巨大的精神力量，归根到底说明了中国各族人民，首先是各族劳动人民，具有极其伟大的历史创造力。

中华民族的一切巨大的物质和精神财富，归根到底都是一切从事体力劳动和脑力劳动的人们共同创造的。中华民族 5000 多年的历

史反复证明，我们这样的伟大人民、伟大民族，它的活力和天才是不可穷尽的，它的前程是不可限量的，它的爱国主义传统必然具有特别巨大的思想上、政治上和道义上的威力。任何抹杀中华民族伟大力量的企图，都是没有根据的。

（三）我们今天弘扬的爱国主义，是同社会主义紧密结合在一起的新时代的爱国主义。

今天我们社会主义祖国之所以可爱，不仅是因为她山川壮丽、辽阔广大，不仅是因为她有悠久的历史和文化，也不仅是因为她是我们世世代代生于斯、长于斯的祖国母亲，更重要的是因为她今天是真正属于人民的了。

今天中国人民的爱国主义，就是热爱我们伟大的社会主义祖国，热爱我们祖国的国土、历史和优秀文化传统，热爱在我们国土上用劳动和战斗创造了伟大历史并继续创造着更伟大历史的人民，热爱我们祖国向着社会主义现代化强国前进的明确道路。

这样的爱国主义精神，是今天中国各族人民最广泛的大团结的重要思想基础和政治基础，是今天我们中国特色社会主义现代化事业所必须依靠的强大精神力量。

（四）可以预期，不忘初心、继续前进的中国共产党，继承传统、赶上时代的中国共产党，必将带领中国人民实现中华民族的伟大复兴。这将是具有全人类意义的大事件。

《人民日报》（2017年1月18日）

★ **拓展阅读**

世界文化发展的光明之道

近代以来,西方借助宗教改革、启蒙运动和工业革命走向现代化,由此奠定了几百年的文化霸权。实际上,这无非是在这个历史时期西方文化获得充分发展的机遇,成为时代的"宠儿"。在此之前,美索不达米亚、埃及、中国、印度、希腊、罗马都曾扮演过这种历史角色。然而,西方人忘记了漫长历史中自己曾微不足道的角色,自以为是人类历史命定的引领者,既往文明只不过是为西方的崛起作准备。

正是带着这种虚妄的历史观,西方人不仅对历史叙事进行重新剪裁,而且在其他国家和地区进行残酷的殖民主义活动。他们不仅把美洲印第安人几乎赶尽杀绝,而且把非洲人运到美洲做奴隶。殖民者打着传播文明的幌子,却干着缺德的事。在当代世界,随着亚非拉人民的觉醒,赤裸裸的殖民主义和种族主义已不得人心。西方人又玩弄起新的花招,以没有"民主""自由""人权"为名,指责他国的制度和现实,目的是让亚非拉国家处于"道德弱势"地位,以便由其任意摆布,并从这种不平等关系中攫取超额利润。在"人权高于主权"的口号下,昔日的殖民者又可对既往的被奴役者颐指气使了。

凭借超级大国的力量,尤其是冷战结束后一超独霸的态势,美国权力欲望更加膨胀,更希望用自己的价值标准重新安排世界秩序。如果说在过去,西方人走到哪里,哪里的人民就失去民族独立,哪里的经济就处于依附地位,成为提供原材料的出产地和倾销商品的市场;那么现在,美式民主走到哪里,哪里就可能出现社会动荡,就可能出现内乱甚至战火:伊拉克、阿富汗已历经20多年动荡,利比亚、叙利亚、也门仍处于内战状态,乌克兰也出现了危机。为什么会出现这种后果?

美式民主扩张的出发点不纯。美国是基于本国利益和霸权进行民主扩张的,其出发点本来就不是为了他国和民族的福祉。美国插手他国内政,要么是服从于自己的地缘政治需要,要么是为了满足其石油、矿产、航道等战略需求,这就给被干涉国家的政治和社会生态带来了诸多危害:打破原来的平衡,制造出更为棘手的新矛盾,引出难以平息的新祸患。如美国清除了萨达姆、卡扎菲,却引发了极端主义暴力,最终遭殃的是伊拉克、利比亚人民。

美式民主扩张激起反感或反抗。美式民主在全球范围内的扩张,不是激起他国人民的反感或反抗,就是为极端主义滋生创造条件。实际上,西方中心主义不是民主、自由、平等和公正的逻辑,可美国人总觉得自己是高人一等的文明人,似乎他人都是未开化的野蛮人。20世纪美国在越南狂轰滥炸以及喷洒化学药剂,让世界爱好和平的人们看清了其蛮横本质。现在美国又以"民主""自由""人权"为借口,用无人机到其他主权国家进行"精确打击",错杀了许多无辜百姓。这些做法为极端主义和恐怖主义的滋生提供了土壤,其结果只会导致反恐越反越恐。

美国人总爱按自己的意愿改变他人的原貌,如遭遇反抗就以坦克为推土机碾平前行中的障碍,久而久之就以为自身的意愿就是文明、就是真理。他们难以意识到在美国行得通的东西,在别处则有可能带来灾难。每个国家只有走符合自己历史文化特点的道路,才可能发展得更顺畅、更持久;如果按他人设计的路线图行进,只会走得更艰辛,甚至南辕北辙。美国总想让他国穿"美式的鞋子",按其制度设计进行治理,这终究是行不通的。

与西方中心主义的文化逻辑相比,中国"和而不同"的文化逻辑更具世界意义。如果说西方中心主义的话语是"霸权话语",其本质是要用自己的话语消灭并替代其他话语;中国话语则属于"和谐话语",其实质就是建立各话语系统之间和而不同、相互交流的关系。西方话语自诩为"普世"的,总想用各种方式甚至以武力铲除障碍;中国话语则不是要取代其他话语,而是作为众多话语中的一种。中国的"协和万邦",不是让别人按中国的样子生活,而是注重不同国家、不同文化相互尊重、相互交流、取长补短。"和而不同"的实质是差异主体间的和谐共生,其目标不是"我花开后百花杀",而是"万紫千红春满园"。这才是世界文化发展的光明之道。

> **文化自信**

新时代文化繁荣发展之道

文化兴国运兴,文化强民族强。新时代文化建设要与中华民族走向强起来的伟大进程相适应,不断推动新时代文化繁荣发展,努力建设社会主义文化强国。

党的十八大以来,以习近平同志为核心的党中央带领全国人民坚持发展社会主义先进文化,加强社会主义精神文明建设,培育和践行社会主义核心价值观,传承和弘扬中华优秀传统文化,坚持以科学理论引路指向,以正确舆论凝心聚力,以先进文化塑造灵魂,以优秀作品鼓舞斗志,爱国主义、集体主义、社会主义精神广为弘扬,时代楷模、英雄模范不断涌现,文化艺术日益繁荣,网信事业快速发展,全民族理想信念和文化自信不断增强,国家文化软实力和中华文化影响力大幅提升。

推动新时代文化繁荣发展，必须坚持以习近平新时代中国特色社会主义思想为指导，坚守中华文化立场，坚持为人民服务、为社会主义服务，坚持百花齐放、百家争鸣，坚持创造性转化、创新性发展。要针对新时代文化多样化发展的新特点，既弘扬社会主义文化主旋律，又包容积极健康的多样性，同时大力整治庸俗、低俗、媚俗问题，加强行业自律。

推动新时代文化繁荣发展，要善于汲取一切有利于增强文化生命力与文化软实力的新观念、新理论、新技术、新手段，如吸收借鉴自然科学与人文科学的前沿成果，积极开展学术方面的争鸣研讨等。善于向经典学习、向传统学习、向一切先进文化学习，见贤思齐，学而时习之，正是中华文化永葆青春的奥秘所在，我们要传承好、发扬好。

推动文化产业高质量发展，生产出更多广受大众欢迎的文化产品，是满足人民日益增长的美好生活需要、推动新时代文化繁荣发展的重中之重。既要重视拓展国内国际文化市场，更要重视提高文化产品的品位和内涵。为此，需要建立和完善监管体系，提高媒体的文化尊严与精神境界。

推动新时代文化繁荣发展，通过设立文艺奖项和文艺家荣衔、学衔等手段，强化对文化人才的尊重、引领、培育、凝聚，推动形成与中国悠久历史、国际地位相适应的文化人才阵容，不断攀登人类文化高峰。这不仅有利于倡导崇高信念、时代精神、学术研究与工匠精神、技艺传承，而且有利于培育为学荣耀与献身真理的热忱。要注重发挥文化的日常教化作用，特别是从青少年抓起，进行公民文明教育，包括文明礼貌、尊重他人、关心弱者、爱护公物、遵纪守法、包容理解等。注重促进自媒体等新媒体健康发展，扶正祛邪，拒绝网络乱象，抵制文化垃圾。大力提倡多读书、读经典，要悦读更要苦读与攻读。

  文化不仅表现为文物与名胜古迹、文化活动与文化服务、特定的产品节目，而且更多地表现为人民的素质与精神面貌，以文化人正是中华民族的优良传统。推动新时代文化繁荣发展，必须坚持以人民为中心的价值取向，让人民在日常生活与社会活动中体现出更多的中华文化精神、品格与魅力。文化以点滴浸润见成效。要运用一切文化手段，从教育源头上多下功夫，从日常细节上多加规范，在公民自我教育、自我完善的功能上多加发挥。长期坚持下去，社会就会更有章法，人民就会更加文明，中华文明就会呈现出更加美好、宏大的景象。

为中华民族的文化自信注入新时代的充沛活力

沈壮海

创造文化新的辉煌,是曾经写就人类文明璀璨篇章的中华民族近代以来的伟大夙愿;建设文化强国,是站在历史新起点上的中华民族明确提出的战略目标。习近平总书记指出:"中华民族创造了源远流长的中华文化,中华民族也一定能够创造出中华文化新的辉煌。"党的十八大以来,以习近平同志为核心的党中央带领全党全国各族人民扎实推进社会主义文化强国建设,提出的一系列新理念新思想、推动的一系列新战略新实践进一步深化了我们党对中国特色社会主义文化建设规律的认识,展开了我们这个古老民族的文化新画卷,开启了当代中国走向文化强国的新征程。

文化强国建设理论的系统构建

建设社会主义文化强国的时代命题,由党的十七届六中全会提出,在党的十八大得到强化,在党的十八大以来理论与实践的双重探索中得到极其丰富的展开。在思想文化领域召开的一系列座谈会上,习近平总书记围绕文化建设发表的一系列重要讲话,既是一次次文化强国建设的社会动员,也系统展现了我们党关于中国特色社会主义文化建设的理论新成果。这一理论新成果,以实现中华民族伟大复兴为根本目标,以创造中华文化新的辉煌为任务要求,以中国特色社会主义文化发展道路为路径选择,对为何以及如何推进社会主义文化强国建设问题作出了全面系统的回答。

这一理论新成果形成于以宽广视角对文化问题的深度省察。回顾历史,人类社会每一次跃进、人类文明每一次升华,无不伴随着文化的历史性进步,文化是民族生存和发展的重要力量;审视当今,各国综合国力竞争更趋激烈,文化日益成为综合国力竞争的关键内容与重要场域。因此,看待文化问题,必须有宽广视角、长远眼光。论及文化问题,习近平总书记反复强调要以"宽广的视角",将其"放到世界和我国发展大历史中去看""放在我国和世界发展大势中来审视"。观察问题的宽广视角,既体现在从大历史中探寻大逻辑,也体现在立足时代制高点去把握大格局大趋势,是"向前看""向后看""向内看""向外看"的有机统一。正是基于这种宽广的视角,党的十八大以来,我们党在对人类文明发展变迁、文化竞争时代新态以及中华民族全面复兴的再研判与新探索中,不断增进对文化建设重要性与规律性的认识，进一步阐明了文化力量与民族命运之间的深层关联、文化兴盛对于实现"两个一百年"奋斗目标和中华民族伟大复兴中国梦的深层意义，清晰揭示了建设社会主义文化强国的必然趋势与必由之路，确立了当代中国文化建设的理论指南。

这一理论新成果体现了对文化建设关键领域的系统观照。文化建设是一项系统工程，既需要弘扬根植民族心性、立于时代潮头的文化精神，彰明文化之魂；又需要各个具体文化门类、文化样态竞领风骚，强健文化之体；更需要有效对接人民群众的精神文化需求，推动全民族精神境界与文化素质普遍提升。党的十八大以来，中央政治局围绕提高国家文化软实力、培育和弘扬社会主义核心价值观等先后组织多次集体学习；习近平总书记主持召开一系列座谈会并发表重要讲话，对文化改革发展作出了系统论述。习近平总书记关于文化建设的一系列重要讲话，贯穿其中的总题目是提高国家文化软实力、建设社会主义文化强国，总要求是培育和弘扬社会主义核心价值观，出发点与落脚点是满足人民群众日益增长的精神文化需要，内容涉及加强宣传思想工作、繁荣发展社会主义文艺、做好党的新闻舆论工作、发展健康向上的网络文化、加快构建中国特色哲学社会科学等方方面面，是社会主义文化强国建设理论的系统构建。

这一理论新成果内含着对社会主义文化强国建设面临的重大问题的积极回应。从问题出发，是马克思主义理论的宝贵品质，也是理论创新生命力的根本所在。习近平总书记强调："问题是创新的起点，也是创新的动力源。只有聆听时代的声音，回应时代的呼唤，认真研究解决重大而紧迫的问题，才能真正把握住历史脉络、找到发展规律，推动理论创新。"当代中国正在进行的是没有母版、不是再版、无处借版的创造性实践，社会主义文化强国建设必然面临一系列亟待解决的问题，需要回答一系列重大而独特的崭新课题。党的十八大以来，我们党关于社会主义文化强国建设所形成的理论新成果，便是在回应现实问题中实现的理论升华。习近平总书记在思想文化领域一系列座谈会上的讲话，无不通篇贯穿着强烈的问题意识、贯穿着直面问题的勇毅和自信。如何传承好自己的精神基因、实现中华优秀传统文化的创造性转化和创新性发展？如何创作生产出无愧于我们这个伟大民族和时代的优秀作品？如何彰显中国特色哲学社会科学的主体性和原创性？如何让全民族的文化创造活力充分涌流？如何向世界讲好中国故事，展示好中华文化独一无二的理念、智慧、气度、神韵？……对问题的勇敢直面与积极回应，赋予了理论新成果引领实践新发展的深厚力量。

　　这一理论新成果阐明了社会主义文化强国建设的中国逻辑。习近平总书记在多个重要场合都特别强调："中国特色社会主义是社会主义而不是其他什么主义""我们要建设的是中国特色社会主义，而不是其他什么主义"。我们所要建设的文化强国，同样是社会主义文化强国，有自己的道路和逻辑。习近平总书记对中国特色社会主义文化建设中指导思想、方向原则、重要任务以及承扬传统、博采外域、创新创造、开放互鉴、人才队伍等问题的丰富论述，深刻回答了文化发展中"一与多""古与今""中与外""常与变""人与文"等基本关系问题，进一步揭示了社会主义文化强国建设的中国特色与本质要求。以马克思主义为指导、以中国实际为根据、以人民为中心、以优秀传统为滋养、以创新创造为动力、以开放互鉴为条件、以人才队伍为根本、以体制改革为突破等，是社会主义文化强国之路的基本要义。例如，以马克思主义为指导，明确了我们所要发展繁荣的文化的根本性质、主体内容，明确了我们建设文化强国的社会主义性质和社会主义道路等原则问题；以人民为中心，就是坚持文化服务人民、文化讴歌人民、文化扎根人民、文化依靠人民；以优秀传统为滋养，就要发挥好优秀传统文化的作用，对绵延5000多年的中华文明多一份尊重、多一份思考，古为今用、去粗取精、去伪存真；以开放互鉴为条件，就要既积极吸纳外域文明的优秀成果，又积极走向世界、在世界舞台上充分展示中华文化的魅力。把这些基本要义贯穿在文化建设的方方面面，是社会主义文化强国建设顺利推进的重要前提。

文化强国建设实践的扎实推进

理论创新是实践创新的先导。党的十八大以来，我们党一方面基于文化建设的新实践不断深化对文化兴盛之道的探索，另一方面又以新理念新思想新战略积极引领社会主义文化强国建设的实践进程，对内全面深化文化改革发展，对外传播塑造中国文化形象，以承续5000多年悠久文明的文化建设新实践，培树中华文明的时代新风、增强中华民族的文化自信。

文化建设实践的新进展体现为社会主义文化强国建设顶层设计的基本形成与实施推进。党的十八届三中全会在全面深化改革的统筹规划中确立了文化改革发展的总体框架；党的十八届四中全会从全面依法治国的战略高度提出了文化法治建设的基本要求；中央全面深化改革领导小组第二次会议审议通过的《深化文化体制改革实施方案》，进一步细化了文化改革发展的路线图、时间表和任务书。这些与我们党关于文化建设的理论新成果融贯一体，构成了新时期社会主义文化强国建设顶层设计的基本内容。党的十八大以来，党和国家围绕培育和弘扬社会主义核心价值观、新型智库建设、文艺繁荣、优秀传统文化传承、媒体融合发展、文化走出去等出台指导性意见，定规立法并付诸实施，有力推进了文化建设实践。

　　文化建设实践的新进展体现为全社会文化自觉的新增进和文化精神的新提振。在当代中国，文化热正以磅礴之势席卷大江南北，文化自觉、文化自信已悄然渗入经济社会发展的方方面面，成为激励发展的愿景、支撑发展的资源、助益发展的禀赋。作为中国特色社会主义文化精神的集中反映，社会主义核心价值观贯穿于生产生活的方方面面、融入国民教育全过程，也日益成为文艺创作以及各类文化作品展开笔触的底色、着力书写的主题；追求高尚、礼赞人民、放歌理想、崇敬英雄……越来越成为当代中国文化多彩乐章的总基调。文化热的再度兴起，文化精神的激扬向上，因应着文化在民族振兴、国家发展中地位与作用日益凸显的时代特征，体现着近年来党和国家文化强国建设社会动员的实际成效，为文化的创新创造营造了良好氛围和条件。

　　文化建设实践的新进展体现为文化事业和文化产业的发展壮大。党的十八大以来，随着文化体制改革的深化、文化生产力的解放和发展，文化事业更趋繁荣、文化产业生机蓬勃。包括国家、省、地市、县、乡、村和城市社区在内的六级公共文化服务网络已告建成；各种因地制宜、扎根本土而又散发着时代气息、为人们所喜闻乐见的公共文化服务模式不断推出。截至2016年年末，全国文化系统共有艺术表演团体2046个、博物馆3060个、公共图书馆3172个。力度不断加大的文化遗产保护，牵萦着中华民族的文化乡愁。人们的"文化餐桌"日益丰盛，我国电视剧和图书年产量已居全球第一，电影产量已居全球第二。仅2015年，全国新创作戏曲、话剧、歌剧、舞剧、儿童剧等就达到600多台；国产故事影片686部，同比增长11%；国产影片票房271亿元，同比增长61.6%，占总票房六成以上。文化产业向成为国民经济支柱性产业迈出了新的步伐。2015年，全国文化及相关产业增加值27235亿元，比上年增长11%；占GDP的比重为3.97%，比上年提高0.16个百分点，成为经济增长的新亮点。

　　文化建设实践的新进展体现为中国文化面向世界从容自信的交流互动。文化唯有在良性的交流互动中才能更好地激发活力、展现魅力，不断超越向前。当代中国文化在以宽广胸怀拥抱世界的同时，也越来越以卓然风姿走向世界。目前，我国已与157个国家签署了文化合作协定，初步形成了覆盖世界主要国家和地区的政府间文化交流与合作网络；中俄、中美、中欧、中阿、中非等人文交流合作机制向更高层次发展；500多所孔子学院和千余个孔子课堂遍布135个国家；丝绸之路影视桥、丝路书香工程等多种多样的文化品牌活动沿着"一带一路"延展开来，成为既传"神"又有"形"的文化纽带。对外文化贸易势头强劲、竞争力显著增强，多元丰富的对外文化贸易体系基本形成。在对外传播中,我们积极创新话语体系,主动设置议题,面向世界讲述中国故事、传播中国声音的能力与水平明显提升。"学术中的中国""理论中的中国""哲学社会科学中的中国""文化中的中国"等不断增强着中国对世界人民的吸引力。

  在庆祝中国共产党成立 95 周年大会上,习近平总书记指出:"当今世界,要说哪个政党、哪个国家、哪个民族能够自信的话,那中国共产党、中华人民共和国、中华民族是最有理由自信的。"我们的文化自信,源自我们这个民族绵延不断的文明,源自中国特色社会主义事业的全面开拓,源自坚守自身文化理想和文化价值的文化创造新实践。党的十八大以来,社会主义文化强国建设理论与实践的新探索新推进,既展现着当今时代中国共产党人和中华民族更强的文化自觉,也为我们的文化自信注入新时代的充沛活力。

《人民日报》(2017 年 3 月 22 日)

★ **拓展阅读**

推进社会主义文化强国建设

回望我国 5000 多年文明史不难发现,文化兴盛始终是国家强盛的重要条件。中华民族要实现伟大复兴,既需要强大的物质力量,也需要强大的精神力量,亟须大力推进社会主义文化强国建设。

在致力于实现民族复兴的历史进程中,我们党始终将不断创造中华文化新辉煌作为不懈奋斗的重要目标。早在革命战争时期,毛泽东同志就指出:"我们共产党人,多年以来,不但为中国的政治革命和经济革命而奋斗,而且为中国的文化革命而奋斗;一切这些的目的,在于建设一个中华民族的新社会和新国家。在这个新社会和新国家中,不但有新政治、新经济,而且有新文化。这就是说,我们不但要把一个政治上受压迫、经济上受剥削的中国,变为一个政治上自由和经济上繁荣的中国,而且要把一个被旧文化统治因而愚昧落后的中国,变为一个被新文化统治因而文明先进的中国。"一句话,我们要建立一个新中国。建立中华民族的新文化,这就是我们在文化领域中的目的。

中国特色社会主义是物质文明和精神文明全面发展的社会主义。在数十年实践探索和理论探索的基础上，党的十七届六中全会提出了"建设社会主义文化强国"的奋斗目标。党的十八大进一步强调："扎实推进社会主义文化强国建设"。党的十八大以来，在党中央坚强领导下，我们党把文化建设提升到新的历史高度，强调坚定中国特色社会主义道路自信、理论自信、制度自信、文化自信，把坚持马克思主义在意识形态领域指导地位的制度确立为中国特色社会主义制度体系的一项根本制度，把坚持社会主义核心价值体系纳入新时代坚持和发展中国特色社会主义的基本方略。党的十九大提出："要坚持中国特色社会主义文化发展道路，激发全民族文化创新创造活力，建设社会主义文化强国。"可以说，新时代中国特色社会主义文化建设正是在建设社会主义文化强国的伟大征程上不断迈进、全面展开的。

党的十九届五中全会在提出到2035年建成文化强国这一远景目标的同时，对"十四五"时期文化建设领域的主要目标作出具体阐述："社会文明程度得到新提高，社会主义核心价值观深入人心，人民思想道德素质、科学文化素质和身心健康素质明显提高，公共文化服务体系和文化产业体系更加健全，人民精神文化生活日益丰富，中华文化影响力进一步提升，中华民族凝聚力进一步增强。"这体现了坚持远景目标与近期目标的辩证统一、有机衔接：一方面，远景目标进一步明确"十四五"时期文化建设的努力方向和着力点；另一方面，"十四五"时期文化建设的主要目标是对远景目标的阶段性细化，是为实现建成文化强国远景目标所进行的扎实准备。

习近平总书记强调："统筹推进'五位一体'总体布局、协调推进'四个全面'战略布局，文化是重要内容；推动高质量发展，文化是重要支点；满足人民日益增长的美好生活需要，文化是重要因素；战胜前进道路上各种风险挑战，文化是重要力量源泉。'十四五'时期，我们要把文化建设放在全局工作的突出位置，切实抓紧抓好。"这从顶层设计的高度将文化建设摆在更加突出位置，为在新征程中推动建成文化强国提出了新课题新要求，吹响了努力建成社会主义文化强国的冲锋号。

"十四五"时期，我们要牢牢抓住"繁荣发展文化事业和文化产业，提高国家文化软实力"这个关键，坚持马克思主义在意识形态领域的指导地位，坚定文化自信，坚持以社会主义核心价值观引领文化建设，加强社会主义精神文明建设，围绕举旗帜、聚民心、育新人、兴文化、展形象的使命任务，促进满足人民文化需求和增强人民精神力量相统一，推进社会主义文化强国建设。

> 文化自信

发挥文化对制度的深厚支撑作用

　　文化兴国运兴,文化强民族强。发展社会主义先进文化、广泛凝聚人民精神力量,是国家治理体系和治理能力现代化的深厚支撑。我们要坚定文化自信,牢牢把握社会主义先进文化前进方向,为国家治理体系和治理能力现代化提供深厚支撑。

　　中华民族创造了悠久灿烂的历史文化,并且正在不断铸就中华文化新辉煌。5000多年的文明史成就了中华文化的独特风骨和博大气象。修齐治平、尊时守位、知常达变、刚健有为、精忠报国、崇德向善、天下大同、协和万邦等思想观念和价值追求,引领中华民族几千年来披荆斩棘、一路前行,也成为我们不断铸就中华文化新辉煌的肥沃土壤。中国共产党成立以后,始终高扬马克思主义的思想旗帜,坚持远大理想,传承中华优秀传统文化,淬炼革命文化,繁荣社会主义先进文化,培育和弘扬社会主义核心价值观，在领导中国人民走向民族复兴的伟大进程中谱写了中华文化的新篇章。中国特色社会主义制度和国家治理体系，正是在这样的文化传统和文化沃土中生长起来的。这正是中国特色社会主义制度和国家治理体系，"具有深厚中华文化根基"之所在。这种深厚中华文化根基及其支撑作用的发挥，是我国国家制度和国家治理体系具有多方面显著优势的重要原因。

坚持和完善中国特色社会主义制度、推进国家治理体系和治理能力现代化，要注重发挥好社会主义先进文化的深厚支撑作用。做到这一点，需要将社会主义先进文化所蕴含的理想信念、价值理念、道德观念等融入国家制度和国家治理体系建设中，体现在固根基、扬优势、补短板、强弱项的具体实践中。这种支撑作用的发挥，尤其需要深刻体现为对我国国家制度和国家治理体系应该"坚持和巩固什么、完善和发展什么"这个重大政治问题的回答上。我们要准确把握我国国家制度和国家治理体系显著优势的文化逻辑和文化根基，推动全社会坚定文化自信，为把我国制度优势更好转化为国家治理效能凝聚思想共识、营造文化氛围，并坚持以社会主义先进文化为我国国家制度和国家治理体系的完善和发展提供正确价值引领。

在我国国家制度和国家治理体系建设中，如何发挥好社会主义先进文化的深厚支撑作用？要进一步增强文化自觉，推动文化发展，促进文化繁荣。推动社会主义先进文化繁荣发展，需要我们紧紧围绕举旗帜、聚民心、育新人、兴文化、展形象的使命任务守正创新。守正，就是要牢牢把握社会主义先进文化前进方向，始终坚持马克思主义在意识形态领域指导地位的根本制度，坚持社会主义核心价值观这一文化发展的"主心骨"，坚持以人民为中心这一根本的文化工作导向，发展民族的科学的大众的、面向世界面向未来面向现代化的中国特色社会主义文化。创新，就是要在守正的基础上，充分激活、释放全社会文化创新创造的活力，解答文化新课题，涵育文化新理念，培育文化新业态，谱写新时代文化发展新篇章。为此，必须坚持创造性转化、创新性发展。

既要认识到文化发展对于制度创新、对于国家治理体系和治理能力现代化的重要意义，又要认识到方方面面的制度创新对于繁荣发展社会主义先进文化的重大意义。我们既要自觉发挥好社会主义先进文化对坚持和完善中国特色社会主义制度、推进国家治理体系和治理能力现代化的深厚支撑作用，也要深入把握、充分运用坚持和完善中国特色社会主义制度、推进国家治理体系和治理能力现代化的新实践，给文化发展开辟的新空间、带来的新机遇。

文化自信为中国道路注入强大精神动力

商志晓

文化是民族的血脉，是人民的精神家园。党的十八大以来，习近平总书记明确提出文化自信的重大命题，深刻阐述文化自信的深厚基础和重要地位，全面回答为什么要增强文化自信、依靠什么增强文化自信、通过什么途径增强文化自信等根本问题，形成了对文化自信的系统性理论表述。这是对马克思主义文化思想的丰富，是对中国特色社会主义文化理论的发展，为坚持和发展中国特色社会主义、不断拓展中国道路注入了强大精神动力。

深刻认识文化自信的深厚文化根基

"在5000多年文明发展中孕育的中华优秀传统文化，在党和人民伟大斗争中孕育的革命文化和社会主义先进文化，积淀着中华民族最深层的精神追求,代表着中华民族独特的精神标识。""站立在960万平方公里的广袤土地上,吸吮着中华民族漫长奋斗积累的文化养分,拥有13亿中国人民聚合的磅礴之力,我们走自己的路,具有无比广阔的舞台,具有无比深厚的历史底蕴,具有无比强大的前进定力。中国人民应该有这个信心,每一个中国人都应该有这个信心。"习近平总书记的这些重要论述,把当代中国人的文化自信置于悠久的历史、灿烂的文明、伟大的实践、傲人的成就、美好的前途共同支撑的坚固平台上,指明了文化自信的深厚根基。

以中华优秀传统文化为丰厚滋养。源远流长、生生不息的中华传统文化,历经先秦诸子百家争鸣、两汉经学兴盛、魏晋南北朝玄学流行、隋唐儒释道并立、宋明理学发展等历史时期,积累了数不胜数的文化典籍,形成了丰富的思想理念、传统美德、人文精神,浸润着中华民族的血脉和灵魂,具有强大的生命力和凝聚力。习近平总书记高度评价中华优秀传统文化,多次用精神命脉、重要源泉、坚实根基、突出优势、最深厚的软实力来说明其地位和作用,强调我们的文化自信"建立在5000多年文明传承基础上",要加强对中华优秀传统文化的挖掘和阐发,使中华民族最基本的文化基因与当代文化相适应、与现代社会相协调,把跨越时空、超越国界、富有永恒魅力、具有当代价值的文化精神弘扬起来。

以革命文化为深厚根基。革命文化形成于新民主主义革命和社会主义革命时期,与长期艰苦卓绝的革命斗争实践紧密相联,是中国共产党人崇高理想和精神追求的集中体现。革命文化既传承中华优秀传统文化的基因，又坚持马克思主义科学世界观和方法论，彰显了社会主义文化的先进性、革命性、科学性。正是在将马克思主义基本原理同中国革命具体实际相结合的过程中，我们党团结带领人民群众不断取得革命斗争的胜利，培育了井冈山精神、长征精神、延安精神、西柏坡精神等革命精神，形成和发展了革命文化。正如习近平总书记所指出的："马克思主义进入中国，既引发了中华文明深刻变革，也走过了一个逐步中国化的过程。"因此，深刻认识和把握作为文化自信深厚根基的革命文化，要高度重视马克思主义这个思想灵魂，坚定不移推进马克思主义中国化。

以社会主义先进文化为现实支撑。社会主义先进文化形成和发展于新中国成立以来的社会主义建设和改革开放实践，是科学社会主义基本原则与中华民族精神、时代精神的有机结合，为中国特色社会主义提供了坚实的思想文化基础和强大的精神动力。作为文化自信的现实支撑，社会主义先进文化蕴含着中华优秀传统文化的因素，建基于马克思主义立场观点方法和革命文化的基本精神。而且，我们不能仅仅局限于文化视域，还要扩展到整个中国特色社会主义实践及其取得的伟大成就来看待社会主义先进文化。今天，我们之所以能够具有文化自信，不仅仅缘于文化的厚重与先进，而且缘于实践的成功、事业的发展和国家的强盛。当代中国的改革开放、社会主义现代化建设、中国特色社会主义事业发展，为我们增强文化自信提供了坚实的实践基础。

牢牢把握增强文化自信的重大意义

增强文化自信对于当代中国经济社会发展具有什么样的意义？习近平总书记深刻揭示了中国特色社会主义道路自信、理论自信、制度自信、文化自信的有机统一关系，并指出："我们要坚持道路自信、理论自信、制度自信，最根本的还有一个文化自信。"习近平总书记用六个"更"、三个"事关"，简洁而深刻地阐明了文化自信的地位和增强文化自信的意义。

文化自信是更基础、更广泛、更深厚的自信。在一个社会，文化深及精神思维、价值理念、心理结构，因而内涵更加丰富、境界更加深邃、意蕴更加厚重，建立在先进文化上的自信是更基础、更广泛、更深厚的自信。显然，增强文化自信既是增强道路自信、理论自信、制度自信的客观要求和逻辑必然，又是支撑和形成道路自信、理论自信、制度自信的文化要素的整体呈现。因此，习近平总书记指出："增强文化自觉和文化自信，是坚定道路自信、理论自信、制度自信的题中应有之义。"

文化自信是更基本、更深沉、更持久的力量。文化自信为道路自信、理论自信、制度自信提供内在精神支撑和稳定信念支持，具有厚重的精神力量和独特的凝聚力、影响力。所以说，文化自信是更基本、更深沉、更持久的力量。毛泽东同志曾把《红楼梦》视为中国的第五大发明，这是在一定语境下强调文化的重要性和力量。一个国家、一个民族的强盛总是以文化兴盛为支撑的，中华民族伟大复兴需要以中华文化发展繁荣为条件。习近平总书记从历史发展规律、社会现实要求、我们党历史使命与责任担当的高度，强调文化与文化自信的重要性，深刻揭示了文化与文化自信的力量。

文化自信事关国运兴衰、事关文化安全、事关民族精神独立性。习近平总书记用这三个"事关"，将增强文化自信置于对国家、民族和文明发展至关重要的地位，从历史高度、全局视野揭示了文化自信的重要意义。增强文化自信，就要尊重本民族的历史与文化、尊重本国人民选择的发展道路，就要为如火如荼的中国特色社会主义实践及其成就感到自豪与振奋、对党和人民事业的光明前景充满信心并为之不懈奋斗。有了这样的文化自信，我们才能走向国运昌盛，才能抵御一切"妖魔化"的攻击，才能以厚重独立的民族精神自立于世界民族之林。否则，在国际文化竞争和西方文化霸权面前，我们就有可能陷于被动。

以文化自信建设文化强国、贡献人类文明

增强文化自信，不是躺在前人文化发展的"功劳簿"上自我陶醉、止步不前，而是以此为强大精神动力，不断推进社会主义文化强国建设，坚持和发展中国特色社会主义，同时促进各国文化交流互鉴、人类文明发展进步。明晰增强文化自信的基本指向，贯穿于习近平总书记关于文化自信的一系列重要论述中。

文化自信促进社会主义文化强国建设。早在新民主主义革命时期，毛泽东同志就指出，我们要建设的新社会新国家，不但有新政治新经济，而且要有新文化。新的时代条件下，习近平总书记强调：

"中华民族创造了源远流长的中华文化,也一定能够创造出中华文化新的辉煌。"当前,我国在文化建设上的根本任务是推动社会主义文化大发展大繁荣,建设社会主义文化强国。我们要从建设社会主义文化强国的高度,增强文化自觉和文化自信。只有不断增强文化自信,社会主义文化强国建设才能有坚定的战略定力、强大的精神动力,才能做到"千磨万击还坚劲,任尔东西南北风",以稳健的步伐不断迈向新高度。

文化自信促进中国特色社会主义事业发展。当代中国共产党人和中国人民的历史使命,是不断推动中国特色社会主义事业向前发展,实现"两个一百年"奋斗目标和中华民族伟大复兴的中国梦。中国特色社会主义植根于中华文化沃土、反映中国人民意愿、适应时代发展进步要求,"是在改革开放30多年的伟大实践中走出来的,是在中华人民共和国成立60多年的持续探索中走出来的,是在对近代以来170多年中华民族发展历程的深刻总结中走出来的,是在对中华民族5000多年悠久文明的传承中走出来的,具有深厚的历史渊源和广泛的现实基础"。增强文化自信是坚持和发展中国特色社会主义的内在要求,是中国特色社会主义事业发展的精神支撑。

文化自信促进人类文明进步。在经济全球化、价值多元化和文明多样化的当今世界,任何文明的发展进步都需要加强对外文化交流。习近平总书记指出:"各国各民族都应该虚心学习、积极借鉴别国别民族思想文化的长处和精华,这是增强本国本民族思想文化自尊、自信、自立的重要条件。"我们在加强对外文化交流过程中,必须摒弃崇洋媚外的民族虚无主义、心胸狭隘的民族排外主义和妄自尊大的自我中心主义，通过练好内功打牢中华文化软实力的基础，彰显中国特色社会主义文化的优势和独特魅力。同时，要精心构建对外话语体系，着力增强对外话语的创造力、感染力和影响力，努力讲好中国故事、传播好中国声音、阐释好中国特色，让中国特色社会主义文化为人类文明进步作出新的更大的贡献。

《人民日报》（2017年6月20日）

中国文化优势十八讲

★ 拓展阅读

人类文明在交流互鉴中发展进步

只有交流互鉴，一种文明才能充满生命力。在远古时代，早期文明仅在相对狭窄的范围内缓慢前行。随着商品生产和交换的出现，文明之间开始有了交流、比较和借鉴。当历史之船驶入"世界历史"的广阔海洋后，文明的交流、比较、借鉴就成为一种常态，成为一种必然和必须。也只有在不断交流、比较、借鉴中，文明才被注入生机、赋予活力。

那么，文明如何进行交流互鉴？面对当今世界不同文明之间既有交流又有冲突、既有合作又有对抗、既有包容又有排斥的现实，不同文明既要保持独立风格和特点，更要彼此学习和交流借鉴。我们不能因交流互鉴而忽略差异甚至冲突，更不能因差异甚至碰撞就放弃交流互鉴。当今时代，文明的交流互鉴是主流，只要彼此尊重、相互包容，就可以避免"文明冲突"，实现"文明和谐"；就可以使不同文明并行不悖、多元共存，形成促进人类社会发展进步的合力。

正因如此，推动文明交流互鉴，需要秉持科学的态度和正确的原则。

文明是多彩的，各种文明都具有独特价值。人类自步入文明时代始，不同的文化土壤就培育出五彩绚丽的文明之花。每一种文明都有其独特意蕴，每一种文明形态都有其存在价值。中国古代的农耕文明孕育了璀璨的华夏文化，铸就了中华民族团结统一、爱好和平、勤劳勇敢、自强不息的民族精神。西方近代工业文明则从传统农业社会跃迁升华，引发了社会价值、文化思想、教育理念以至生活方式的革命性变化，催生了现代文明的发展。习近平总书记援引《左传》中"和如羹焉，水、火、醯、醢、盐、梅，以烹鱼肉"这段话，说明酸、甜、苦、辣、咸并存，烹调才能五味俱全。文明也是如此。每一种文明都是历史长河中人类劳动与智慧的积淀，都在人类文明进程中发挥了不可替代的重要作用。

文明是平等的，各种文明都值得尊重。文明存在差异，却无优劣之分；文明各有特色，却无高低之别。要实现文明间的交流互鉴，平等与尊重是关键。各种人类文明在价值上是平等的，都各有千秋，也各有不足。世界上不存在十全十美的文明，也不存在一无是处的文明。文明交流互鉴不能以独尊或贬损某种文明为前提，必须去除自以为是、傲慢自大与闭目塞听。如果看不到其他文明的长处，不正视自己文明的不足，最终只会导致自身的封闭与孤立，甚至受到历史惩罚而被历史淘汰。只有放弃傲慢与偏见，以平等谦逊、虚怀若谷的心态对待各种文明，在相互尊重的基础上积极借鉴其他文明的优秀成果，自身的发展与进步才有可靠的保障。

文明是包容的，各种文明都应当兼收并蓄。文明是多元的，多元化的文明必然是包容的。文明只有在包容中才能交流互鉴，只有在交流互鉴中才能丰富自身，也只有能够包容并交流互鉴的文明才具有丰富内涵与深厚底蕴，进而彰显强大生命力与活力。中华文明历经5000多年的发展，虽历经沧桑却绵延不绝，从"丝绸之路"到"西学东渐"，正是在不断吸取融合其他民族的文化精髓过程中使自身走向繁荣兴盛，由此铸就了中华文明"和而不同、有容乃大、兼容并蓄"的博大胸怀与宽厚品格。要摒弃盲目崇外的民族虚无主义、心胸狭窄的民族排外主义和妄自尊大的自我中心主义，以平等开放的姿态对待其他文明；要扎根于本民族的优秀文化土壤，广泛吸取各文明之精华，宽容面对文化差异，共促文明和谐繁荣。

历经5000多年历史变迁的中华文明，积淀着中华民族最深层的精神追求，代表着中华民族独特的精神标识。中华文明既为中华民族生生不息、发展壮大提供丰厚滋养，也必将为实现中华民族伟大复兴中国梦提供强大精神支持。

从历史看，中华文明是在交流互鉴中成长起来的。中华文明是在中国大地上产生的文明，也是同其他文明不断交流互鉴而形成的文明。从西汉开辟丝绸之路，到唐朝与异域通使交好；从明朝郑和七下西洋与东南亚各国友好往来，到明末清初中国人积极学习现代科技知识；从佛教传入与儒道交融形成中国特色的佛教文化，到中国传统画法与西方油画交汇形成独具魅力的中国写意油画；等等。这些文明交流互鉴的生动实践告诉我们，中华文明要继续发展、保持繁荣，必须坚持对外开放和扩大文明交流。在交流互鉴中弘扬中华文明，既要将海外优秀文化成果"引进来"，又要使中华文明精华"走出去",实现不同文明间的交流互鉴,促进世界各国文明共同繁荣。

从当前看,中华文明需要在交流互鉴中实现创造性转化、创新性发展。弘扬中华文明,必须在交流互鉴中坚持继承与创新的辩证统一,坚持巩固与提升的有机结合。古人云:"观今宜鉴古,无古不成今";"诗文随世运,无日不趋新"。悠久灿烂的中华文明延续着中华民族的精神血脉,既需要薪火相传、代代守护,继承优秀传统文化,坚守中华民族的文明底蕴;又必须与时俱进、吐故纳新,创新中华文明的内涵要素和表现形式。正如习近平总书记要求的那样,"把跨越时空、超越国度、富有永恒魅力、具有当代价值的文化精神弘扬起来,让收藏在博物馆里的文物、陈列在广阔大地上的遗产、书写在古籍里的文字都活起来。"

从未来看,中华文明通过交流互鉴将为人类文明进步提供精神动力。随着我国经济社会发展和中华民族走向复兴,中华文明必将焕发出更加蓬勃的生命力,发挥无可替代的作用。可通过举办孔子学院、"中国文化节"、大型对外文化援助项目等多种渠道,将"以和为贵""兼容并包""仁者爱人"等中华文明的核心理念传播至全世界,获得世界人民的认同,为人类实践提供思想镜鉴,为构建持久和平、共同繁荣的和谐世界提供精神动力。中华文明将因交流互鉴而愈加枝繁叶茂、常青不衰;世界文明也将因交流互鉴而逐渐消除相互间的疑虑与隔阂,日益丰富多彩、欣欣向荣。

> 文化自信

以道德建设促进核心价值观践行

核心价值观,其实就是一种德,既是个人的德,也是一种大德,就是国家的德、社会的德。百行以德为首。培育和弘扬社会主义核心价值观,必须首先解决道德领域的突出问题,使人们形成端正的道德品行、正确的价值取向,使社会形成良性的运转秩序、良好的文明风尚。

努力实现中华传统美德的创造性转化、创新性发展。中华传统美德世代相传,是中华优秀传统文化的灵魂,是全面建成富强民主文明和谐美丽社会主义现代化强国的强大精神动力。以道德建设促进社会主义核心价值观践行,应继承弘扬中华优秀传统文化和中华传统美德,坚持古为今用、推陈出新,有鉴别地加以对待,有扬弃地予以继承,努力实现中华传统美德的创造性转化、创新性发展,引导人们向往和追求讲道德、尊道德、守道德的生活。

创造性转化、创新性发展，就是使千百年来中华民族最基本的精神品质、价值取向与社会主义先进文化相适应、与现代社会相协调，使这些品质和取向在现实中活起来，活在人们的日常行为当中，活在每一个人心中，这样才会拥有强大的生命力。例如，"孝"是我们的传统美德，也是当今世界公认的道德准则。中华文明传承几千年，无论社会形态和利益格局发生什么样的变化，提倡和践行孝道始终没有变。当然，我们现在提倡孝，不可能也没有必要搞"父母在，不远游""丁忧三年"等。孝的具体内容、表达方式必须与时俱进，但孝的本质含义是永恒的、超越时空的，在今天尤其需要大讲特讲。

抓好道德建设载体。抓好载体是工作落到实处、取得实效的重要保证。培育和弘扬社会主义核心价值观，必须找到并切实抓好道德建设载体。要深入开展"明礼知耻·崇德向善"主题教育实践活动，倡导人们明"仁、义、诚、敬、孝"五礼，知"懒、贪、奢、浮、愚"五耻，营造知荣辱、讲正气、作奉献、促和谐的良好风尚。要组织实施"道德讲堂"活动，推动"道德讲堂"进机关、进社区、进村寨、进企业、进学校、进医院，汇入各行各业，融入大众生活。例如，贵州省把组织部门的远程教育系统充分利用起来，加挂"道德讲堂"的牌子，补充道德教育的课件，在各乡镇、各村寨开展道德建设活动，取得良好效果。要重点抓好"孔学堂"等这样的载体。贵州省的孔学堂建成开放以来，举办针对青少年的"开笔礼""成人礼"活动，不少家长反映：参加礼仪活动后，孩子似乎一夜之间就长大了。

培育和弘扬社会主义核心价值观，加强道德建设，还要坚持"软约束"与"硬约束"相结合，与立法、执法结合起来，惩处各类失德行为。例如，一个人如果有逃票、逃税、不赡养老人等违反道德规范的行为，就将其列入个人诚信系统"黑名单"，让其在就业、贷款、乘坐公共交通工具等方面受到限制。通过这种"软""硬"兼施，协调行动、形成合力，促进社会成员道德水平的提升。

培育和弘扬社会主义核心价值观，必须使之转化为普通民众的自觉追求，使之成为凝聚、指导、规范社会各阶层、各利益群体的价值准则。做到这一点，关键是建设一支有道德涵养、敬业精神和责任感的道德宣传队伍。党的十八大以来，全国各地在推进公民道德建设方面逐步形成两支队伍。第一支是"德师"队伍。各行各业都有"师"，教书育人的是教师，问诊治病的是医师，企事业单位做思想政治工作的是政工师，宗教界有牧师、法师等。在道德讲堂上从事道德讲习的人可以称作"德师"。"德师"深入乡村、社区、企业等，以灵活多样的方式开展传统美德、核心价值观等的讲习、传播，让干部群众接受道德的熏陶、洗礼。第二支是文艺工作者队伍，即以艺术的方式劝人知善、向善、行善，做一个好人，做一个有道德的人。无论哪一支队伍，在宣传中都注意接地气：内容离老百姓近，多讲百姓身边人、身边事；方式生动活泼、丰富多彩，多一点"通俗唱法"、少一点"美声唱法"，多一点"牛肉粉面"、少一点"燕窝鱼翅"，做到寓教于乐。

"两创"：建设社会主义文化强国的重要方针

李 军

党的十八大以来，习近平总书记就弘扬中华优秀传统文化提出的"创造性转化、创新性发展"（以下简称"两创"）方针，深刻揭示了文化发展的客观规律，积极回应了人民群众对精神文化生活的新期盼。"两创"是党中央治国理政新理念新思想新战略的重要内容，是传承发展中华优秀传统文化的基本方针，也是建设社会主义文化强国的重要方针。

从"双百""二为"到"两创"：三座耀眼的文化灯塔

回顾新中国成立以来我国文化发展的历程，在不同历史时期，着眼于解决时代课题，我们党都提出了纲领性的文化方略，作为指导、引领、推动、规范文化建设和发展的基本方针。"双百""二为"

和"两创"就是这种具有时代标志的成果，有如三座耀眼的文化灯塔。

20世纪50年代初，毛泽东同志提出百花齐放、百家争鸣的"双百"方针，强调营造一种生动活泼的精神文化局面，受到广大知识分子的热烈欢迎和衷心拥护。这表明，我们党在新中国成立初期就对文化建设的重要性及其规律有着深刻认识。20世纪80年代，邓小平同志提出文艺为人民服务、为社会主义服务的"二为"方向，科学阐明社会主义文艺事业的宗旨、任务和根本目标，指明了改革开放新时期社会主义文艺事业繁荣发展的正确道路。在"二为"方向的指引下，广大文艺工作者积极投身于改革开放的火热生活，创作出一大批具有鲜明时代特色的精品力作，文学艺术领域呈现蓬勃生机与活力。

近年来，随着我国经济发展、利益诉求日益多元，社会生活中道德缺失等问题比较突出，培育和弘扬社会主义核心价值观的任务十分紧迫；随着实现中华民族伟大复兴中国梦的加速推进，越来越需要思想文化繁荣兴盛发挥支撑作用；随着国际文明对话与交流日趋频繁，西方价值观的消极影响凸显，我国文化软实力亟须提升。在这样的时代背景下，习近平总书记提出的"两创"方针，科学回答了文化建设从哪里来、向哪里去，传承什么、怎样传承、谁来传承等重大问题；既纠正了对待中华传统文化的片面态度和偏激做法，廓清了虚无主义、复古主义、功利主义等思想迷雾，又对我们党在新形势下推动文化繁荣发展提出了方向明确、操作性强的要求，标志着我们党对文化发展规律和文化发展责任、路径的认识达到了一个新高度。"两创"方针一经提出，就得到思想文化界的普遍认同，发挥着重大引领作用。

"双百""二为"和"两创"在不同历史时期应运而生，各有侧重又互为支撑，前后相继又不断深化，共同回答了中国文化发展的战略性、全局性问题，都具有极其重要的理论价值和实践价值，构成了我们党文化建设方针的一个有机整体。"两创"在"双百""二为"的基础上，根据新的形势和时代要求作出新的理论概括，充分反映了我们党高度的文化自觉、文化自信和文化担当。它既是传承中华优秀传统文化的纲领，又是推动当前文化繁荣发展的指南，必将同"双百""二为"一起，在中华文化发展史上产生重大而深远的影响。

坚定文化自信："两创"方针的前提

"两创"方针昭示了强烈的文化自信。中华文化积淀了中华民族最深层的精神追求，代表着中华民族最根本的精神基因和独特标识。坚定文化自信，就要对博大精深、源远流长的中华文化发自内心地认同，保持对中华民族文化理想、文化生命力和创造力的高度信心，而这正是坚持和贯彻"两创"方针的前提所在。

习近平总书记指出："我们要坚持道路自信、理论自信、制度自信，最根本的还有一个文化自信""文化自信，是更基础、更广泛、更深厚的自信"。文化自信之所以更基础，是因为中国特色社会主义植根于中华文化沃土，其道路选择、理论建构、制度创立离不开中国的历史传统和文化积淀;之所以更广泛,是因为中华文化内容广博、包罗万象,影响和渗透到社会生活的方方面面,涵盖包括道路、理论和制度在内的所有领域;之所以更深厚,是因为文化内涵最深邃、意蕴最厚重,中华优秀传统文化历经数千年而不衰,深深扎根于中华儿女心中,蕴含着穿越时空的价值,为道路自信、理论自信、制度自信提供了取之不尽、用之不竭的思想资源。一言以蔽之,中国有坚定的道路自信、理论自信、制度自信,根源于建立在5000多年文明传承基础上的文化自信。

不忘本来才能开辟未来,善于继承才能更好创新。回顾历史,汉唐时期,中国人对于自己的文化抱有极强的自信,同时对于外来文化具有极宽广的胸襟。这种在当时世界上无与伦比的文化自信和宏大气魄,造就了中华文化的兴盛景象。坚定文化自信,事关国运兴衰,事关文化安全,事关民族精神独立。只有对自身历史文化具有坚定的自信,才能具有坚守的从容、创新的底气,不断从中华文化宝库中萃取精华、汲取能量,焕发创新创造的活力,不断推出具有鲜明民族特点的精神文化产品。

中国共产党既是中华优秀传统文化的忠实继承者和弘扬者,又是社会主义先进文化的积极倡导者和发展者。当前,贯彻"两创"方针,坚定文化自信,传承中华文脉,推动中华优秀传统文化与时代相融合,创造中华文化新的辉煌,是时代和人民赋予中国共产党人的历史使命。我们要坚持以马克思主义为指导,全面、历史、辩证地看待中华传统文化,推动中华优秀传统文化扬弃继承、转化创新,更好地融入当代、服务今人。

推动创新发展:"两创"方针的要义

创造性转化、创新性发展的要义是创造和创新。应根据现实发展需要,运用赋予新意、改造形式、增补充实、拓宽延展、规范完善等方法,传承和弘扬中华优秀传统文化,为其注入新的时代内涵,进而实现古为今用、继往开来、推陈出新、发扬光大。

回溯历史,中华民族是一个不断创造和创新的民族,秉持"苟日新,日日新,又日新""不日新者必日退,未有不进而不退者"的古训。环顾当下,创新位居新发展理念之首,中国正在进行着人类历史上最为宏大而独特的实践创新。无论是经济增长、科技进步,还是文化建设,都涌动着创新的热潮。大力推动文化创新,在探索中突破超越、在融合中出新出彩,形成良好的文化生态,不仅是推动中华优秀传统文化焕发新活力、再创新辉煌的必由之路,而且将为其他领域的创造和创新提供不竭的精神动力。

坚持"两创"方针,实现中华优秀传统文化的继承与创新,关键是找对路径和方法。要让今天的年轻人接受、认同中华优秀传统文化,就要摆脱生硬的、居高临下的说教套路,在不断赋予优秀传统文化新的精神内涵的前提下寻找、发明、尝试各种现代表达形式。例如,运用互联网等现代科技手段,使中华传统文化"活"在当下。要努力将中华优秀传统文化融入人们的生产生活,与节日庆典、礼仪规范、民风民俗相衔接,与文艺体育、旅游休闲、饮食医药、服装服饰相结合。应当注意，创新贵在独辟蹊径，但不是一味标新立异；贵在别具一格，但不能追求怪诞；贵在突出个性，但切忌胡编乱造。

创新发展需要从外来文化中汲取丰富营养，而决不能故步自封、闭目塞听。宋明儒学的产生，是传统儒学与印度佛教思想文化相互渗透融合的结果；中国近现代的哲学观念、文学艺术也大量借鉴了西方文化中有价值、有活力的因素。当今世界是一个开放的世界，中外文化交流的深度和广度前所未有。我们要坚持不忘本来、吸收外来、面向未来的原则，继续广泛借鉴各国优秀文化成果，吸收其长处和精华，做到洋为中用、融会贯通，为中华文化发展注入新的活力。

建设文化强国："两创"方针的目标

建设文化强国是我们党对全面小康社会精神价值的深刻把握，是实现中华民族伟大复兴中国梦的内在规定，也是综合国力竞争在软实力方面的必然要求。"两创"方针正是中国走向文化强国的战略指引。

核心价值观是一个国家、一个民族最持久、最深层的力量，是文化强国的重要标志。历史反复证明，强大的核心价值观铸就强大的国家和文明。习近平总书记指出："核心价值观，其实就是一种德，既是个人的德，也是一种大德，就是国家的德、社会的德。"中华优秀传统文化以崇尚道德彪炳于世，中华传统道德是社会主义核心价值观的重要源泉。可以说，社会主义核心价值观是从中华优秀传统文化基因中培育、衍生、发展出来的，包含了古圣先贤的美好愿景和仁人志士的奋斗理想，是中华优秀传统文化创造性转化、创新性发展的最重要体现。新的时代条件下，只有大力培育和弘扬社会主义核心价值观，引导人们向往和追求讲道德、尊道德、守道德的生活，我们的民族才会充满希望。

层出不穷的优秀精神文化产品，是一个文化强国创造力的生动体现。当前，我国在精神文化产品创造方面还存在有数量缺质量、有"高原"缺"高峰"等现象，存在千篇一律、模仿抄袭等问题。我们要把"两创"方针贯彻到精神文化产品生产的全过程，善于吸收中华优秀传统文化的深厚滋养，深刻体验和把握人民群众的创新实践，从中激发灵感，推出更多思想精深、艺术精湛、制作精良的精品。尤其要与新技术、新业态、新模式、新媒体有机融合，以数字化为动力，推动精神文化产品的变革和创新，不断增强其吸引力、感染力和竞争力。

文化软实力反映一个国家、一个民族的精神面貌、文明素养、行为方式、审美趣味，是文化强国的重要内容。当前，中华文化的传播力、影响力与我国的经济实力和大国地位还不完全相称，文化走出去与经济走出去还没有形成有效互动。我们要坚持以"两创"方针为引领，精心构建对外话语体系和文化交流、文化传播、文化贸易载体，围绕传播中国价值观念、打造中华文化品牌，向世界展示中华文化独特魅力，增强对外话语的创造力、感染力、公信力。

完全可以相信，中华优秀传统文化通过创造性转化、创新性发展，将其中的当代价值和世界意义挖掘出来，不仅能成为中华民族走向伟大复兴的强大动力和精神支撑，而且将为破解人类社会面临的共同难题、完善全球治理贡献中国智慧，为人类文明进步提供重要精神指引。

《人民日报》（2017年9月5日）

★ 拓展阅读

不断铸就中华文化新辉煌

不忘本来、吸收外来、面向未来，指出了新时代推动文化建设的思想方法和工作方法，为坚定文化自信、不断铸就中华文化新辉煌、建设社会主义文化强国指明了前进方向。

求木之长者，必固其根本。"在5000多年文明发展中孕育的中华优秀传统文化，在党和人民伟大斗争中孕育的革命文化和社会主义先进文化，积淀着中华民族最深层的精神追求，代表着中华民族独特的精神标识"，这阐明了中国特色社会主义文化的"本来"，既包含中华优秀传统文化这个源头，也涵盖在此基础上产生并发展的革命文化和社会主义先进文化。这三种文化有着内在的逻辑关联，不可割裂。不忘本来，就是要坚决守护好我们的文化根脉，对其进行传承与弘扬，为不断铸就中华文化新辉煌植根塑魂。

坚持不忘本来，要坚定文化自信，对三种文化高度认同、倍加珍惜、大力弘扬。因为，没有高度的文化自信，没有文化的繁荣兴盛，就没有中华民族伟大复兴。绵延5000多年的中华优秀传统文化包含丰厚的哲学思想、人文精神、道德规范，深刻影响了世界文明，具有不可磨灭的历史作用和时代价值。当今世界，汉语热方兴未艾，孔子学院在很多国家广受欢迎，折射出中华优秀传统文化与日俱增的吸引力、影响力。传承发展中华优秀传统文化不是为了把它当作古董摆设，也不能食古不化，而是要发扬光大，推动其全方位融入国民教育、道德建设、文化创造和生产生活，使其更好地服务现实。应进一步弘扬中华优秀传统文化讲仁爱、重民本、守诚信、崇正义、尚和合、求大同的时代价值，使之成为涵养社会主义核心价值观的重要源泉。

坚持不忘本来，要旗帜鲜明地反对文化虚无主义。优秀传统文化是一个国家、一个民族传承和发展的根本，如果丢掉了，就割断了精神命脉。中国共产党人始终是中华优秀传统文化的忠实继承者和弘扬者。当前，我国主流思想文化健康向上、正能量强劲，但历史虚无主义、文化虚无主义仍不时沉渣泛起。根之茂者其实遂。如果忘其根本、挪窝倒腾、生搬硬套、强行嫁接，就等于丢掉了精神世界的"身份证"，就无法铸就中华文化新辉煌。千百年来凝聚、积淀的优秀传统文化，在我国革命、建设、改革的伟大实践中形成的革命文化和社会主义先进文化，是融入中华民族血脉的精神基因，是中华民族永续发展的精神支撑。唯有始终植根于中华文化的沃土之中，新时代的文化之树才能根深叶茂。

文明因多样而交流，因交流而互鉴，因互鉴而发展。中华文明是在中国大地上产生的文明，也是在与其他文明不断交流互鉴的过程中逐渐丰富、成熟、壮大的文明。吸收外来,就是要善于融通国外各种有益的思想文化资源,大胆吸收借鉴人类创造的一切优秀文明成果,为不断铸就中华文化新辉煌源源不断地提供养料和活力。

综观世界文化发展史,不同文化互相开放、互相交流、互相吸收、互相补充,是人类社会发展的客观要求和必然趋势。历史也昭示我们,一个国家、一个民族的文化,只有广泛吸取外来文化的优秀元素,才会更丰富、更博大,才会具有旺盛生命力;反之,在文化上封闭保守、妄自尊大,必然导致僵化、停滞和落后。当今世界,经济全球化潮流不可阻挡,国与国、民族与民族、文明与文明之间,你中有我、我中有你、相互依存,正在形成人类命运共同体。这必然要求我们加强文明对话和文化交流,在"各美其美"前提下,实现"美人之美,美美与共"。

坚持吸收外来,要更加主动地学习、借鉴、吸收外来有益文化的精髓,坚决摒弃心胸狭隘的排外主义和妄自尊大的自我中心主义,以兼收并蓄、海纳百川的大国气度,了解并理解文化的多样性,尊重其他国家和民族的文化特殊性,开放自信地与之交流、交融和互鉴、互补,避免文明冲突,实现文明和睦。同时要特别注意,在中外文化沟通交流中,必须保持对自身文化的自信、耐力、定力,必须意识到热衷于"去思想化""去价值化""去历史化""去中国化""去主流化"那一套,绝对是没有前途的。要始终坚持自身文化的主体地位,自信而有原则地吸收他人之长,不盲目选择,更不搞全盘西化。对待外来文化,要立足国情进行中国化,去粗取精、去伪存真,使外来文化中优秀的、有生命力的要素在中国大地上生根发芽、开花结果，成为中华文化的有机组成部分。

没有中国特色社会主义文化的繁荣兴盛，中华民族伟大复兴是不完全的。建设中国特色社会主义文化，必须始终服从服务于实现第二个百年的奋斗目标和中华民族伟大复兴的中国梦。纵观人类历史，文化的繁荣发展与国家、民族的繁荣发展总体上是相互对应、彼此支撑的。这启示我们：面向未来，就是要紧紧围绕第二个百年奋斗目标和中华民族伟大复兴的中国梦，在继承优秀传统文化和吸收有益外来文化的基础上，不断推进文化创新发展，推动文化由"大"变"强"，使中国特色社会主义文化屹立于世界民族文化之林。这也是坚定文化自信、建成社会主义文化强国的必由之路。

面向未来，不断推动中国特色社会主义文化繁荣兴盛，必须始终坚持以马克思主义为指导。马克思主义是我们立党立国的根本指导思想，这是任何时候、任何情况下都不能动摇的根本原则。我们党自诞生之日起就高举马克思主义旗帜，不断推进马克思主义中国化，形成了革命文化、社会主义先进文化，为中华文化注入了先进的思想内涵。新的征程上，我们要始终坚持以马克思主义为指导，坚守中华文化立场，用发展着的马克思主义引领文化建设，不断巩固马克思主义在意识形态领域的指导地位，巩固全党全国人民团结奋斗的共同思想基础。

面向未来，不断推动中国特色社会主义文化繁荣兴盛，必须坚持以创新为引领。事物总是不断发展变化的，过去先进不等于现在先进，现在先进不等于永远先进。思想文化是最需要也最能够进行创新的领域。要充分发挥先进文化的引领、感召、武装、启迪作用，坚持马克思主义一贯倡导的辩证理性和科学扬弃精神，以与时俱进的态度大力创新、不断创新、永远创新。还要看到，吸收外来也有一个如何克服水土不服、消化不良的问题，解决这一问题，唯有结合实际转化创新。我们党在吸收外来文化为我所用方面从来都秉持学习、借鉴、转化、创新的态度，并取得了令人瞩目的成就。

> **文化自信**

岂可以西方标准解读中国哲学

近代以来,在接触西方哲学尤其是康德哲学和黑格尔哲学后,有的人觉得中国没有哲学,即便有也只是准哲学;或者说只有具体的哲学,如政治哲学、伦理哲学、历史哲学等。对此怎么看?关键在于站在什么角度看问题。

一位美国军事学家在分析《战争论》和《孙子兵法》的差异时说过,克劳塞维茨的军事思想是理想主义的绝对论,是要把敌人彻底消灭掉;而《孙子兵法》则是现实主义的中庸之道,在现实中可以有各种变通的方法,可以"不战而屈人之兵"。这在一定程度上既说出了中西方军事思想的不同,又说出了中国文化与西方文化的不同。西方文化的传统,不论是哲学还是近代兴起的实证科学,都在追求变动世界背后的本质或本原,追求现实之外的普遍真理。这是一种二元分离乃至对立的哲学模式，本质与现象、本原与现实因为对立而无法统一。在现实生活中，这种取向会转变成对标准的追求，认为只有建立一个普适化的标准，才能把握事物的本质。实际上，用标准来规范个体，常常会导致个体差异被抹平。

如果以康德哲学为标准来看，中国没有脱离形而下的纯理性思想，自然也就没有哲学。但是，哲学并不等于形而上学。中华文化的传统从不把现象与本质、形而上与形而下割裂开来。《周易》说的是"形而上者谓之道，形而下者谓之器"。道与器在名义上虽可分开，但在现实中无法分开：道不离器，器不离道。这个特点可用宋明理学的范畴来说明。宋明理学在形而上层面具有颇为深入的思考，但理和气同样是不可分离的。朱熹说过，"理，形而上者；气，形而下者"，认为"天下未有无理之气，亦未有无气之理"。在做理论分析时需要区别理和气，但在现实世界，理和气是融为一体的。

《论语》记载，子游说子夏的学生在洒扫、应对、进退等日常礼仪上的表现是不错的，但这些都是细枝末节，根本的道理却没有传授。子夏听说后，大不以为然：不从人伦日用入手，怎么能认识天道性命？理学家对子夏的话非常推崇，认为"凡物有本末，不可分本末为两段事，洒扫应对是其然，必有所以然"。然背后必有所以然，二者是统一的。道就在人伦日用中，不是离开现实另外有道。形而上与形而下是贯通的还是分离的，这是中西哲学乃至中西文化的一个重要差别。

概念层面的逻辑分析与纯理性在中华文化里确实没有得到很好发展，但"道不远人"的实践性正是中华文化的特色和优势。中国哲学有自己的价值观念和思维方式，为什么要用西方哲学的标准来评判？例如，对于如何理解《道德经》中的道，很多人都在分析道到底是精神实体还是物质实体。这就是西方哲学的思维方式在起作用，要去思索独立于万物之外的本原。如果从整体上理解老子的思想就会发现，不是独立于万物之外有个道，道就在万物之中。"天得一以清，地得一以宁"，天从道得到清的特性，地从道得到宁的特性，道在不同事物上表现为不同的特性。老子最推崇水，"上善若水"，观水可以悟道。水是无形的，但又可以随物赋形。如果撇开这些去研究道是精神实体还是物质实体，显然偏离了老子最核心的思想。

人类创造了多种多样的文化。正因为有类型上的差异，文化的互补才有可能。当下，我们要学习西方文化的优点，但前提是要有文化主体性。以西方哲学为标准来解读中国哲学，就不可能了解中国哲学自身的特性，结果往往是在解构中华文化。我们不能削足适履，而要量体裁衣。只有转变思维方式，摘下有色眼镜，才能理解中华文化本身的独特价值，更好地选择性吸收西方文化的精华，用中国智慧去思考和解决当代中国与世界面临的重大问题。

在生活实践中传承文化

楼宇烈

这些年,我常呼吁要重新看待"东方智慧"。东方智慧同时涵盖了印度文化、伊斯兰文化和中国文化等。而以中国文化为中心的中华文化圈,在东北亚地区影响是很大的,值得重视。

东方智慧一个很重要的特色,是重视直觉思维。长期以来,人们普遍认为理性思维比直觉思维高级。人类生来有两个方面能力,一是通过感觉感知世界,一是通过理性认识世界,两者互补,缺一不可。理性思维是透过表面现象,深入内部和局部进行研究,然后经过逻辑推演,来建构科学体系和理论。直觉思维较为笼统,不大去深入内部,聚焦局部问题。直觉思维的优势在于,可以从整体上得出一个总的道理,有了这个道理以后,可以把它运用到不同事物的不同方面。这两种人类不同的思维方式应该是同等有效和准确的,需予以同等尊重,不应该肯定一个否定一个。总体而言,西方文化智慧中也有直觉思维，但更侧重于理性思维；中国文化也有理性思维，但更侧重于直觉思维。

东方智慧的贡献还在于，以中国为代表的中华文化，对人的总体性的认同，在世界文化中非常突出。它能在人的自我认知和自信心的匮乏方面，有所增益和修正，对人类文化作出了极大贡献。中国文化很重要的一个特质，就是一切围绕人来展开——人应该怎样自我认识和自我提升。所谓文明，文是"纹饰"；明即"显示、昭明"，文明就是"以文来明"。人类之所以走上文明的道路，是通过自我内在和外在的"纹饰"达到的。人与人的关系，用儒家观点来说，是"父子有亲，君臣有义，夫妇有别，长幼有序，朋友有信"。人通过这个来纹饰自己，就将自己与动物区别开来，从野蛮进入文明。人从外表到内心都有这样一种纹饰，才算是万物之灵。

中国文化善于以人为本来思考问题。人要保持主体性，一旦失去主体性，人就失去尊严。同样，人也不能自我异化为物的奴隶。所以，中国文化强调人的主体自我提升。从自觉到自立，不光是个体，整个人类也是如此。人在宇宙中处于什么地位？《礼记》中说"人者，天地之心也"。人在万物中间，所处的位置很重要，一言一行都影响到整个世界的变化。宋代哲学家张载说"为天地立心"，指的是人的责任。值得注意的是，以人为中心，并不是夸大和放任自己，恰恰呼唤自我认识，要求人要自我约束。这可能是中华文化"以人为本"的核心精神。

西方启蒙运动思想家伏尔泰、狄德罗推崇人本的力量，让人从神的脚下站立起来。在这之后，西方文化高举人本主义大旗，在20

世纪上半叶发展成为人类中心主义，提出了"改造世界，征服世界"的口号。而在中国文化中，以人为本并没有发展成"人为世界万物的中心"的人类中心主义，而是要人认识自己的渺小，在自我提升的同时也自我约束。第二次世界大战后，西方科学家和思想家意识到不能无穷放大人的力量，才提出要尊重自然。而尊重自然、顺应自然，正是中国文化一以贯之的思想。

自 20 世纪以来，人们已经感觉到，人的自我主体性在慢慢丢失，人的自尊受到了很大的侵害。所以，重新认识东方智慧的时代意义在于，越是人在主体性丧失的时候，越是要重视人文主义，维护人的主体性和能动性以及尊严。如果感觉到人的自我失落了，我想需要从中国文化中来寻找，才可以达到一种恢复的状态。

中国文化的根本精神，蕴藏在很多地方，它并未消失。我们的文化自信和文化底气，来自于丰厚的历史以及其中的文化资源。我们的典籍，就是记录文化的载体。记录的工具不是语言，而是文字。中国汉字是了不起的文化传承载体，它让我们的文化从未中断。除了物质文化、文字典籍，还有民俗风情和民间精神的传承。例如，孝道不是口头上讲讲，家教、家风、家训都是落实到现实生活中，并且代代相传。当下我们个体如何继承传统文化？我认为，就要落实到生活实践中去。日常生活的很多细节，都有传播中国传统文化的可能。

无论是继承还是发展，对于传统文化，我们最好让它保持"某种天性"。学传统文化，就要学其精神。例如，一个人做人，要讲"敬"和"诚"。敬，就是要有敬畏心，对自己尊敬、对他人尊敬；诚，就是要做一个诚实的人，诚心、诚信。我觉得，哪怕一本书都没有读过，但如果做到了"敬"与"诚"，你仍然是一个大写的"人"。人人都能敬能诚，社会风气就会变好，这是很简单易行的道理。当然，传统文化中的一些糟粕，要经过历史的淘汰。而且，传统文化的继承不要轰轰烈烈，而要不绝如缕。轰轰烈烈，就像赶潮流一样，会泥沙聚下、鱼龙混杂。我们的文化传统，最好是在"日用而不觉"的情况下薪火相传，如古人所言："忠厚传家久，诗书继世长。"

《人民日报》（2018年5月30日）

★ **拓展阅读**

促进中医药传承创新发展

中医药学是中华民族的伟大创造，是中国古代科学的瑰宝，也是打开中华文明宝库的钥匙，为中华民族繁衍生息作出了巨大贡献，对世界文明进步产生了积极影响。中医药学包含着中华民族几千年的健康养生理念及其实践经验，具有独特的思维方式，凝聚着中国人民和中华民族的博大智慧，在同疫病斗争中产生了《伤寒杂病论》《温病条辨》《温热论》等经典著作。

注重整体关联。中医药学认为，人与自然、人与社会是一个相互联系、不可分割的统一体，人体本身也是一个有机的整体，其思维方式不是简单的非此即彼，而是强调此离不开彼、彼离不开此，注重整体关联。它是从整体生命观出发构建的一整套有关养生等治未病以及用针灸、按摩、经方等治已病的理论和方法。中医药学认为，人与天地万物同为一气所生，具有同根性，天人之间可以相互感应；强调肝、心、脾、肺、肾等是一个整体，面对疾病，不仅需要考虑是哪方面出了问题，而且需要考虑这方面和其他方面的关系，而不是简单地"头痛医头，脚痛医脚"。在用药方面，中医遵循组方原则，在临床上一般采用复方，多种药物各有分工、协同合作，联合作用于多个靶点，联合起来发挥作用。在治疗方面，中医强调生理和心理的协同，重视精神情志和人体健康的关系，注重从身心整体上进行调治。在新冠肺炎疫情防控中，中医医疗队员引导患者练习太极拳、八段锦、五禽戏等，这些都有利于患者舒缓情志、增强体质，对提高患者肌体免疫力、尽早恢复健康产生了很好的效果。

注重动态平衡。事物的平衡不是静态的、固定不变的，而是动态的、可变的。在这个时间和地点取得平衡，到下一个时间和地点又不平衡了，需要再调整，达到新的平衡，这就是动态平衡。中医药学强调和谐对健康具有重要作用，认为人的健康在于各脏腑功能和谐协调，情志表达适度中和，并能顺应不同环境的变化，其根本在于阴阳的动态平衡。"阴阳失和"是人体生病的一个重要原因，由于内伤和外感，人的整体功能失去动态平衡。维护健康就是维护人的整体功能动态平衡，治疗疾病就是使失去动态平衡的整体功能恢复到协调与和谐状态。有些外感是无法避免的，需要人们注意调整生活方式，适应外界变化，从而取得相对平衡，保持身心健康。在新冠肺炎疫情防控中，中西医结合、中西药并用成为我国抗疫方案的亮点，为疫情防控取得重大战略成果作出了重要贡献，中医药再次彰显了中华民族原创科学的价值和优势。以"三药三方"为代表的中医药，既能宣肺清泄、疏散上焦，又能化湿和胃、斡旋中焦，还能活血解毒、畅通下焦，目的是调和阴阳、恢复肌体的内稳态。

从治疗方式看,西医擅长寻找有效药物,直接消灭病原体;中医擅长通过整体调节,清除病原体的生存环境,激发人体的防御机制。中医通常称治病为"去病",其意思是通过调适去除疾病,恢复身体本有的平衡,并非就病论病。

注重顺应自然。包括中医在内的中华优秀传统文化,十分重视顺应自然规律。从大禹治水到李冰治理都江堰,其指导思想皆为顺应自然。大禹在治水过程中,看到水总是往下流,于是疏通河流,让水能够顺畅流下去,有效解决了洪水泛滥问题。李冰看到水是波动的,就不用传统的堤坝,而是用竹篓装上石头,随着水的波动竹篓也会起伏。顺应自然的思想,适用于治水,也适用于人体。中医药是中华优秀传统文化的重要组成部分和典型代表,强调"道法自然、天人合一",重视自然环境和社会环境对健康与疾病的影响。不顺应自然,人的身体就容易得病。顺应自然规律,除了强调顺应事物本性,还有一项重要内容,就是强调尊重事物个性、差异性。疾病形式多变,中医通过综合分析望、闻、问、切所采集的症状等个体信息,确定相应治疗方法,并结合临床、疾病变化随时调整用药方向,注重因人制宜、因时制宜,讲究辨证施治、一人一方,同病异治、异病同治。中医药治疗新冠肺炎不是单靶点发挥作用,而是根据患者病情的演变辨证施治。在治疗过程中,早期以祛邪为主,中期以清热化湿为主,后期以扶正为主,取得了显著疗效。

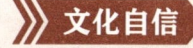文化自信

中华文化具有会通精神

《庄子·天下篇》说，天下大乱的时候，产生了许多学说，"譬如耳目鼻口，皆有所明，不能相通。"儒家《易传·系辞上》云："圣人有以见天下之动，而观其会通。"主张思想文化的融会贯通。西汉史学家司马迁认为，"天下同归而殊途，一致而百虑"，诸子百家立论不同，但也有彼此相通的方面。东汉史学家班固在《汉书·艺文志》中说，诸子百家学说"相反而相成"。由此可见，会通精神是中华文化的一个重要又鲜明的特点。

中国思想文化史就是思想文化会通的历史。这从《吕氏春秋》一书可以看出端倪。该书亦称《吕览》，为战国末期秦相吕不韦集合门客编成，以儒家和道家学说为主，兼论名、法、墨、农、阴阳各家。《吕氏春秋》肯定儒家的政治伦理，主张

实行仁政，也赞成道家的君无为而臣有为的观点，体现儒、道的会通。汉高祖刘邦之孙刘安被封为淮南王，与门客编撰《淮南子》一书。其中，既有道家的"无为"思想，也有儒家、墨家以天下为己任、劳作不息的论述。

从战国末期到秦汉及魏晋时期，其间贯穿着儒家与道家学说的会通，由此产生了魏晋玄学。魏晋玄学以《周易》《道德经》《庄子》为基础，称为"三玄"。它既讲自然变化，也谈社会人事变迁；既鄙视世俗，表现出超然物外的态度，又主张保持"名教"（身份等级的象征）传统和对自身既得利益的重视，用以论证"名教"与自然的一致性，体现了儒家与道家学说的会通。

中国思想文化的再一次会通，起于唐代"三教并立"，这里的"教"指教化，至两宋，由南宋理学完成。唐代，中国佛学吸取儒学和道家老子学说的某些方面，有些僧人以"人皆可以为尧舜"来解释佛性，并出现了专讲孝道的佛经，如《父母恩重经》。有些僧人以忠孝思想为内涵、以家族组织为形式编写了禅律《百丈清规》，使佛教中的若干宗派世俗化，这样佛教才有了立足的文化基础。唐代思想家推崇儒学，同时研究佛学，居庙堂之上讲修齐治平、道德教化，处江湖之远则"栖心释梵，浪迹老庄"。时至两宋时期，儒学吸取佛学宗教哲学的某些论证方法，使自身的哲学思辨尤其是在本体论上有了新的理论创造。

"会通",用南宋理学家朱熹的话说,就是为儒学寻找"活水源头",否则儒学就会枯竭凋零。朱熹在诗里写道:"半亩方塘一鉴开,天光云影共徘徊。问渠那得清如许?为有源头活水来。"他和其他理学家将"三教"会通在以儒学为主的思想体系中,称为"新儒学"。与朱熹理学有别,南宋产生了以陆九渊为代表的心学思想,认为"心即理",只要"发明本心",即可"穷理尽性"。明代思想家王守仁继承陆九渊心学传统,论述"心即理""致良知""知行合一"学说,反映了人们要求独立思考的理性要求。

明末清初思想家黄宗羲说过,思想学术为天下之"公器""公识",要由天下士人共同研究,确定其价值。在他看来,思想学术上的会通精神有助于打破学术上的门户之见,综合各家之长,开辟出一条新路。

努力提炼中华优秀传统文化的精神标识

张岂之

习近平总书记指出:"中华优秀传统文化是中华民族的文化根脉,其蕴含的思想观念、人文精神、道德规范,不仅是我们中国人思想和精神的内核,对解决人类问题也有重要价值。要把优秀传统文化的精神标识提炼出来、展示出来,把优秀传统文化中具有当代价值、世界意义的文化精髓提炼出来、展示出来。"当前,我们坚定文化自信,一项重要工作就是通过深入研究把中华优秀传统文化的精神标识、文化精髓提炼出来、展示出来。

深入研究中华优秀传统文化蕴含的思想观念

中华优秀传统文化蕴含的丰富思想观念,不仅是中华民族的宝贵精神财富,而且是世界文明发展的重要成果,至今仍然具有重大价值。在此列举几个方面。

"道法自然"是中华优秀传统文化的一个重要理念。道法自然理念来源于"人法地，地法天，天法道，道法自然"，它要求人们在认识世界和处理事情的时候，一切都要顺其自然。道法自然理念最早由道家提出，此后不断发展演变，并影响了法家、儒家等。道法自然的"道"主要指规律、法则，是指事物发生发展的内在规律。道法自然强调天地万物的产生是自然而然的，道的运行也是自然而然的，揭示了一种顺应自然的辩证法则。在今天大力建设生态文明的背景下，道法自然更凸显其思想价值，值得深入研究。

"以民为本"是中华优秀传统文化特别是政治思想的核心内容。中国是世界上最早出现民本思想的国家，早在西周时期就产生了以民为本理念，并在春秋战国时期逐渐成熟。先秦诸子在西周民本思想的基础上，对民本思想的内涵、外延以及实现方式、衡量标准等展开了进一步的讨论。虽然先秦时期儒家、道家、法家、墨家、兵家等各学派的思想体系和政治主张不同，但在以民为本这一理念上具有高度一致性，民本思想可以说是先秦诸子百家的共识。秦汉以后，民本思想在理论上不断深化发展的同时，也在实践中得到开明君主的重视。中国历史上，以民为本理念在抑制君主专制、稳定社会秩序、保障民众安居乐业等方面发挥了重要作用。

再看中华优秀传统文化的另一个核心理念"大同"。在儒家《礼记·礼运》篇中，论述了从"小康"进入"大同"之世，阐述了大同社会"天下为公"的准则。在大同社会中，社会财富是大家共同享有的，育幼、养老等都有妥善安排，能劳动的人从事劳动，失去劳动能力的人则由社会供养，大家相爱相助，没有权谋欺诈和盗贼掠夺，人们和平地生活。中国古代的大同理想主要源于儒家，同时吸取了墨家和道家的某些思想，体现了中国人民对于未来美好社会的追求。

深入研究中华优秀传统文化蕴含的人文精神

中华优秀传统文化是以"人"为主体的文化，人文传统深厚，长期占据主导地位的是人学而不是神学。中华优秀传统文化既讲自然界变化（称为"天文"），又讲人的思想文化的提升（称为"人文"），二者相辅相成，从而使中华人文精神在中国历史上不断传承发展。

《周易》中有这样的话："刚柔交错，天文也；文明以止，人文也。观乎天文，以察时变；观乎人文，以化成天下。"这里的"天文"指关于季节、时令变化的学问，目的是使人们能适时进行农耕活动。"人文"则是"文明"的同义语。中华优秀传统文化中关于"天道"与"人道"相互关系的探讨，就是对"天文"与"人文"认识的深化和发展。中国古人没有把"天文"与"人文"对立起来理解，而是以变化的眼光看待二者，认为它们是相互关联、相互协调的。"人文"是人在生产生活中逐渐认识、顺应"天文"而创造出来的，这种创造不断积累、融入社会、日久成俗，形成一种生活方式，一代代传承下来，成为一种文化传统，滋养着中华民族独特丰富的文学艺术、科学技术、人文学术，这就是所谓"观乎人文，以化成天下"的意义。

"天行健,君子以自强不息;地势坤,君子以厚德载物。"《周易》中的这句话对于我们理解中华人文精神是很有帮助的。"天行健"是指自然万物运动不止,其中蕴含着运动规律。"自强不息"是效法"天行健"这种自然现象、遵循其运动规律产生的人文精神。君子为人处世,也应像天按照天道运行不息一样刚毅坚卓、发愤图强、不屈不挠、永不停息。"地势坤,君子以厚德载物"的意思是说:大地柔顺无比、德性丰厚,能够承载万物、包容一切。能够努力效法大地这种品格的人,有海纳百川、宽厚包容的胸怀,能听进各种不同意见,正确认识和解决各种现实问题,成为有修养的君子。

中华优秀传统文化是以"人"为主体的文化,这决定了它必然蕴含着丰富的文以载道、以文化人的教化思想。中国很早就建立了学校,在古代教育发展过程中产生了丰富的教化思想,特别是春秋末期孔子的教化思想一直影响着后代。儒家的教化思想特别重视德育,将德育与智育相结合。《礼记》中的《中庸》篇阐释了讲诚信的君子在学习上必须努力做到五个方面,即博学之——广博地学习;审问之——虚心地提问请教,详细地探究;慎思之——周密地思考,不思则不得;明辨之——明确地辨别是非、辨别善恶;笃行之——切实地身体力行。此外,《礼记》中的《大学》篇提出"明明德""亲民""止于至善"三纲领,提出格物、致知、诚意、正心、修身、齐家、治国、平天下八条目,称之为"大学之道"。可以看出,中国古代教育体现了经世致用的精神。

中华优秀传统文化中求同存异、和而不同的处世方法,形神兼备、情景交融的美学追求,俭约自守、中和泰和的生活理念等,都是中国人民思想观念、风俗习惯、生活方式、情感样式的集中表达，都体现了中华人文精神。

深入研究中华优秀传统文化蕴含的道德规范

中华优秀传统文化蕴含着丰富的道德规范，儒学的许多思想都与道德规范直接有关。中华优秀传统文化中的文野之分理论、文质统一思想以及一些具体的道德规范，在今天仍然具有重要思想价值。

我国文献中很早就有"文明"这一词语。"经纬天地曰文，照临四方曰明。"这是把"文明"作为美德。在《易传》一书中，认为有文明美德的君子能与时俱进，其事业伟大而美好。

我国很早就有"人禽之辨"理论。《礼记·曲礼上》有这样的话：鹦鹉和猩猩虽能发声，但它们不知道什么是礼仪规则，不能和人相比。人如果不遵守道德规范和礼仪规则，岂不是和鹦鹉一样吗？"是故圣人作，为礼以教人，使人以有礼，知自别于禽兽。"

我国古代还有文质统一思想。孔子说："质胜文则野，文胜质则史。文质彬彬，然后君子。""质"指的是人的本心、本质，"文"指的是人的文采、外在表现。君子的内心与行为都应当是文明的。

孔子创立的儒家学说，论述了一般人如何才能成为"君子""仁人"，认为主要标准是具有高尚的品格和理想，做到"以德为先"。孔子提出一个总的道德规范，称之为"仁"。什么是"仁"？孔子说："爱人""己所不欲，勿施于人"。在孔子看来，这种爱心不限于自己的亲属，而是以此为出发点，"泛爱众而亲仁"。怎样才是博爱大众呢？孔子回答说："老者安之，朋友信之，少者怀之。"

诚信也是中华传统美德的重要概念。中华优秀传统文化中诚信思想体系的基础是由《论语》《大学》《中庸》《孟子》奠定的。中国古人观察自然、人事变迁，认为天是真实的、长久的，只有具备天一样的德性，人才能最终获得自身长久的幸福。因此，人必须追求真实、不欺妄，以"至诚"为人生修养的最高境界。所以《中庸》说："诚者，天之道也；诚之者，人之道也。""诚"是人的内在德性，表现为真实、诚恳、表里如一，即"内诚于心"；"信"体现人的责任感和使命感，表现为讲信义、守信用、言行一致，即"外信于人"。"诚"与"信"是分而为二、合而为一的道德规范，是中华传统美德的重要基础。

中华优秀传统文化中的爱国优良传统，无疑是中华传统美德的重要内容。在中国历史上，有识之士都是有爱国情怀的。例如，在南北朝时期，中国处于分裂状态。在此情况下，有人尊本地政权为正宗，但当时的科学家郦道元不是这样，他虽然在北魏做官，但没有局限于此地，在他的心目中，祖国是包括南北朝的完整中国。他的著作《水经注》并不以北魏统治区为限，所涉及的范围是全中国，从而完成了我国古代水文地理学的大综合。近代以后，为反对外国侵略、争取民族独立，更是涌现出许许多多民族英雄。

《人民日报》（2019年2月18日）

★ 拓展阅读

文化自信的深厚历史底蕴

当代中国是历史中国的延续和发展,当代中国思想文化也是中国传统思想文化的传承和升华,要认识今天的中国、今天的中国人,就要深入了解中国的文化血脉,准确把握滋养中国人的文化土壤。可见,增强文化自信,要走入历史纵深,深入理解中国的文化血脉和文化土壤。

春秋战国时期,中华大地上产生了诸子百家,据汉代司马谈的看法,其中有阴阳、儒、墨、名、法、道德(道家)共六家。诸子百家的"家",就是指形成学派,有理论、宗旨和传承。班固在《汉书·艺文志》中,将诸子划分为儒、道、阴阳、法、名、墨、纵横、杂、农、小说十家,号称"百家"。"百家争鸣"的出现,在人类文明的"轴心时期"迸发出耀眼光芒。

春秋战国时期"百家争鸣"的出现,有其特定的历史条件。这一时期,"士"这个阶层特别活跃,他们大多积极参与和影响政治,也有一部分人专门从事学术活动。"士"有着一个共同的目标,就是使"天下无道"变为"天下有道",解生民于倒悬,重建社会秩序。"士"的政治地位非常高,因为当时各方诸侯都在互相比拼,需要内政外交各方面懂行的人来辅助,而士人正是这些方面的行家里手。作为士人代表的诸子百家,于是竞相登场,各展所长。

就哲学思想而言,儒道两家各有侧重。孔子重视"仁"的思想,"仁"一方面是"己所不欲,勿施于人",另一方面是"己欲立而立人,己欲达而达人"。孔子认为,君子为道义而活,非为富贵而生,君子的人生价值正在此。老子哲学则不然,"天道"受赞扬,"人道"遭贬损。在他看来,"道"演化为天地万物,没有神力,没有矫饰,自然而然。"人道"当效法"天道",所谓"人法地,地法天,天法道,道法自然"。儒家重"人道",道家重"天道",二者相互补充、相得益彰,形成了中华文化的基本价值取向。

就政治主张而言,儒墨两家都倡导贤人政治。在贤人的来源方面,墨子提出"虽在农与工肆之人,有能则举之",认为选拔官员要以德能为标准,哪怕地位低微,只要有德有能,就应选拔上来,委以官职,这样才能做到公道正派。在贤人的待遇方面,墨子主张"富之,贵之,敬之,誉之",也就是给贤良之士丰厚的物质待遇、高贵的社会地位,信任、敬重他们的才能,表彰他们的成绩,营造鼓励贤良之士成长发展的社会环境。这样贤人就会越来越多,用他们去治国就会显出成效来。这些选人用人理念,在今天仍然具有启示和借鉴意义。

就自然科学而言,先秦诸子中研究最广泛、最深入的是墨家。

墨子及其后学的文化贡献，集中表现在他们对我国古代自然科学做了奠基工作。墨家建立严谨的逻辑体系，并将其应用于自然科学，对时空、光学、力学、几何学等方面的问题，用逻辑语言加以分析概括，体现了科学家和能工巧匠的创新思路，是诸子百家中大放异彩的一朵奇葩。

正如庄子所说，诸子百家的观点都体现"道术"即宇宙真理的某一方面。虽然各家各派立论的侧重点不同，但都是对世界的有益探索，有助于人们深化对自然和社会的认识。以诸子百家为重要代表的中华文化显示出强劲生命力，始终以开放姿态吸取各种养分，在会通的基础上消化吸收各家理论，形成一条独特的自我创新之路。

中国历史上尽管有过战乱和分裂，但统一始终是主流。关于这一点，英国史学家汤因比和日本学者池田大作的对话集《展望21世纪》中有这样的评论：中国人"比世界任何其他民族都成功地把几亿民众，从政治文化上团结起来。他们显示出这种在政治上、文化上统一的本领，具有无与伦比的成功经验。"正是在国家统一、民族融合的大背景下，中华文化才能生生不息、不断发扬光大。

中国自古以来就是一个多民族国家。中华各民族日益密切的交往、团聚和统一的过程，也是民族大融合的过程。各民族经过迁徙、杂居、通婚和各种形式的交流，在文化上互相学习，在血统上互相融合，逐渐产生了共同的文化心理特征。尤其是在近代，中华各民族共同反抗外国侵略者，为实现中华民族伟大复兴而奋斗。这个共同的政治信念，极大地加强了各民族的团结。

早在先秦时期，我国就有华夏、东夷、北狄、西戎和百越五大民族集团。中国的主体民族——汉族的形成，就是各民族大融合的结果。汉族能够在历史上起主导作用，不仅是因为人口众多，更重要的是因为有比较先进的生产方式、比较发达的经济和文化。历史上有过少数民族入主中原进行统治的时期，如鲜卑（北魏）、契丹（辽）、女真（金）、蒙古（元）和满（清）。这些少数民族在进入中原前，都处于比中原汉族低的发展阶段，因此当他们进入中原后，不仅未能改变汉族原有的生产方式和文化传统，反而逐渐接受汉族文化，由此进一步推动汉族文化与少数民族文化的交融和发展。

战国时代，我国不同地域的文化存在着明显差异。秦始皇统一六国后，有汇合地域文化的理想，但没有成功。汉并天下后，到汉武帝执政时期，经过数十年的战争，地方分裂势力基本被肃清，地域文化也大体上完成汇合的历史过程。与这个总的形势相适应，汉武帝实行"罢黜百家，独尊儒术"的国策，以汉族为主体的多民族文化共同体才真正形成。这个文化共同体虽然以儒学为主导，但并没有阻碍其他学派思想文化的传承发展，于是提出思想文化的融合会通问题。在唐、宋时期，儒、道、释的融合会通，将中华文化推进到一个新的阶段。中华文化的形成、传播、发展与汉字息息相关。汉字源远流长，起源于模仿自然、图画纪事、表情达意的需要，并形成别具特色的符号系统。经过长期的演变与实践，逐渐形成象形、指事、会意、形声、转注与假借六种造字法与用字法，反映中华文化的博大精深和独特的人文情怀。汉字最初有甲骨文、金文等多种形式，秦始皇一统中国后，为统一汉字书写，采用小篆。我国各地乡音不同，但书面语言相同，这使得中华文化的传承与发展有了坚实载体和重要保证。文字的统一，有效促进了不同地域思想文化交流和国家政令畅通，对实现国家统一和多民族融合发挥了重要作用。文字的统一与各地方言乡音并存，在相同中保留特色，体现了文化统一性与多样性的有机结合。

汉字的相对稳定，对中华文明的传承和创新作出独特贡献。汉字具有象形与表意的特点，在表达人文精神以及人与万物关系方面简明扼要、形象生动。即使时过境迁，后来者在阅读古籍时同样可以由文辞而把握其道理与智慧，将世代积累的优秀文明成果一代一代地传承下来。孔子对文字很重视，强调"言之无文，行而不远"，即思想要传播久远，需要有文采的语言文字记载。古人所强调的"三不朽"，其中之一就是"立言"，足见文字在文明传承中的重要意义。我国古代有"文以载道""文以化人"的传统，显示文化典籍和语言文字在传承思想、培育人才与改善社会风气中的积极作用。

丰富的语言文字，需要相关的工具书帮助人们掌握。东汉许慎撰写的字书《说文解字》，通过剖析文字构件（文）来解说字义，对规范字形、字音与字义作出了贡献。清代研究《说文解字》甚至成为显学，代表性的如段玉裁的《说文解字注》等。形成于秦汉之际的词书《尔雅》，保留了大量多学科（特别是博物学）知识，为丰富汉语词汇的语言形式、融会沟通词语的意义打下基础，经过魏晋学者的努力，成为阅读《五经》的重要准备，后被列入儒家"十三经"中。

独特的语言文字、风格多样的书写形式，形成符合人们审美需要和表达人们审美感受的书法艺术。书法以艺术形式表达人们的思想、修养、爱好与情感，"笼天地于形内，挫万般于毫端"。因此，不同时期的书法反映特定的文化观、历史观与人生观，它们既受到历代思想文化的深刻影响，又间接地体现传统哲学的丰富内涵，如易学的阴阳相推思想、儒家的中庸学说、道家的相反相成观念、禅宗的顿悟静修主张等。书画同源，中国书法的基本观念和表现方式，对独特的中国国画（水墨画）的形成影响很大，它们共同成为中华文化殿堂中的璀璨珍宝。

在某种意义上，独特的汉字文化系统促进中华文化的古今传承，也促进中华文化的对外传播和交流。中华民族对外域文化的研究，不仅重视语言文字的翻译，而且侧重思想内容的介绍与阐释，注意从整体性上加以理解，使其成为中华文化的有机组成部分。例如，两汉之际传入中国的印度佛教文化，在中国是从整体上加以研究的，在唐代完成了佛教中国化的历程。公元13世纪初，印度佛教式微后，其中许多教派和经典仍然可以在中国找到源头。

中国古代大量鸿篇巨制中包括丰富的哲学社会科学内容、治国理政智慧，为古人认识世界、改造世界提供了重要依据，也为中华文明提供了重要内容，为人类文明作出了重大贡献。中国封建社会一般说来实行政教分离，没有形成像西欧那样的宗教黑暗时期。作为主流意识形态的儒家经学，为不平等社会里的"各色人等"找到了一些平衡点。我们可以看到，皇权统治以经学为工具，而民间亦以经学作为协调社会关系的价值准则。历代的官方版刻经籍、社会启蒙读本、民间乡约村规，在思想观念上都同经学有关。西汉时有《诗》《书》《礼》《易》《春秋》"五经"，东汉时"五经"加《孝经》

《论语》成为"七经"。唐时《礼》分为《周礼》《仪礼》《礼记》,《春秋》分为《左传》《公羊传》《榖梁传》,加上《周易》《尚书》《诗经》,成为"九经";后又加《论语》《孝经》《尔雅》,成为"十二经"。宋代,"十二经"加《孟子》,形成"十三经"。

儒家的经书从"五经"扩大到"十三经",是社会演进的需要,目的是使社会各个阶层都可以从中找到自己所需要的思想文化资源,而不致发生冲突。儒家经书既维护我国传统社会尊卑贵贱的分野,又调节个人的喜怒哀乐。儒家经典所体现的包容性、伦理性,使它成为中国封建社会适用的教科书。这些教科书的普及本,如《三字经》《弟子规》等,其中的价值观进入当时青少年的头脑。应当指出,这些观念符合中国古代社会的需要,但今天不能简单照搬。除去儒家经书,中国还有史书,各个思想文化学派的代表作,以及个人的文集等。经史子集,汗牛充栋。

对文献的整理,中国有悠久的历史。清代产生了"汉学",众多学者精心研究整理古代文献,纠正了许多错误。学者们在研究中探索和掌握了一系列严密的搜集、排比、分类以及识别文献资料的方法,为保护和传播中华优秀传统文化贡献了智慧和心血。

 文化自信

文化多样性成就精彩世界

当今世界,文化多样化发展的趋势进一步凸显。从一定意义上说,正是人类文化的多样性成就人类生活的丰富性,成就当今世界的多彩和灿烂。在这一大趋势下,中华文化如能在海纳百川的基础上进一步彰显自身特色,必将为促进世界文化多样化发展作出更大贡献。

人类的生活方式多种多样,这种多样性是人类在适应不同生活环境的过程中形成的。人们在不同的地域栖息、繁衍和发展,受不同的自然环境和社会条件影响,形成不同的生活方式。这些不同生活方式既体现为不同的语言、不同的思维方式和交流方式,也体现为不同的物质条件、不同的风俗习惯和行为方式。人类生活方式的多样性,决定人类文化具有多样性。

在人类的漫长发展史中,不同民族和社会形成自身的传统

和文化。这种传统和文化对于人们生存发展有着重大意义，人们从自己的文化传统中获得启迪和教诲。正是多样的历史和文化传统，使得人类形成了多样的思维方式和表达方式，形成了多样的信仰和思想体系，形成了多样的文化艺术成果。这些都是人类珍贵的文化遗产，也对今天的人类社会持续产生巨大影响。

近代以来，西方主导的工业化和现代化进程对人类文化多样性带来很大负面影响。西方列强的殖民统治对诸多后发国家的发展方式构成巨大冲击，也对其文化传统构成巨大冲击。这种冲击在这些国家中引发了关于文化普遍性和文化特殊性的持久争论。今天人们清醒地认识到，不同国家的工业化和现代化道路是不同的，其文化发展方式也不可能千篇一律。即使在西方国家内部，这一规律也同样适用。如美国、法国、德国等国的现代化之路各有不同，其社会体制和文化发展方式也存在诸多差别。

文化多样化发展的趋势，不会简单地在经济全球化时代消失。"历史终结论"所预言的资本主义发展模式一统天下，在今天看来已成笑柄。一方面，经济全球化和互联网时代带来人们之间更多的交流，商品、资本、人口、技术的流动带来文化上更多的交融，这显然有利于不同国家和民族增进相互理解。另一方面，人们发现，这并不会导致文化之间的差异泯灭消失,反而使文化的本土性、多样性进一步凸显,使人们对不同文化的特色有更深入的理解。这种理解有利于不同文化在取长补短、共存共融中保持自身的特性。例如,人们曾经以为麦当劳和肯德基的汉堡、鸡翅统一了全球的快餐食品,但现在麦当劳和肯德基却在适应所在国家的本土口味方面大做文章。肯德基的广告就叫"为中国而改变",其在中国的餐厅卖起了油条、盖饭和皮蛋粥。这当然可以说是一种策略,但这种策略说明今天的经济全球化并不能消除文化的本土性和多样性,反而有可能使之得以彰显。

海纳百川是中华文化的鲜明特色。从文化发展的角度说,中国人民最近100多年来的奋斗,就是在保持自身文化尊严和优秀传统的同时,不断寻求文化开放和变革的历程。鲁迅在1908年写作的《文化偏至论》中认为,中华文化应"外之既不后于世界之思潮,内之仍弗失固有之血脉,取今复古,别立新宗"。面对中国当时深重的民族危机,他眼光没有停留在解决危机的技术和物质手段层面,而是从人类精神文明发展的高度提出自己对于中华文化的期许。这是鲁迅留给人们的一笔丰厚思想财富,对于当今发展中华文化具有重要启示意义。

鲁迅的这段话,一方面包含着对中华优秀传统文化的坚定信心:他之所以强调中华文化"固有之血脉"不可失去,正是基于这种强烈的文化自信,也是基于对人类文化多样性的深刻体认;另一方面包含着对中华文化海纳百川、与时俱进的高度自觉:他之所以强调中华文化应紧跟"世界之思潮",正是基于这种高度的文化自觉。在建成社会主义文化强国的当下,我们应看到鲁迅提出的"取今复古,别立新宗"的目标在过去100多年中尚未完成。今日之中国不仅要在物质层面取得更大发展,让人民群众的生活得到更大改善;而且要在精神层面得到新的提升,进一步发扬光大中华文化,并为世界文化多样化发展作出新贡献。做到这一点,需要像鲁迅所告诫的那样,将海纳百川和彰显特色有机结合起来。

展现优秀传统文化的魅力和活力

张颐武

优秀传统文化进入大众文化领域，成为其中的关键要素，是近年来大众文化发展的重要趋势。这一趋势首先在电视文化中形成潮流，继而影响带动网络等新媒体的相应表现，常常形成"热点"和"焦点"，这既说明社会对于优秀传统文化精神价值的需求日趋强烈，也体现出综艺节目等大众文化形态新的发展。优秀传统文化的"流行化"，让优秀传统文化资源进一步"活化"，将成为今后文化内容创作生产的重要增长点。

优秀传统文化综艺节目越来越受关注

这一趋势出现在各个文化领域之中，在传播面相对广的电视综艺领域尤其明显。21世纪以来，优秀传统文化综艺节目的"流行"

主要经历三个阶段。

第一阶段是以"讲说形态"传播优秀传统文化。这一阶段以 2001 年开播的《百家讲坛》发端,该节目在 2005 年之后主要聚焦优秀传统文化和历史的传播,以大众化讲学的形态带动当时通过电视讲坛通俗化解说优秀传统文化的潮流。这是电视和优秀传统文化深度结缘的第一个阶段,启发了电视综艺节目发掘优秀传统文化的兴趣,如《开心辞典·开心学国学》等节目,给后来不少以表现和承载优秀传统文化内容的节目形态开了先河。这些尝试和探索,带动"传统文化热",在当时的文化环境下产生良好的传播效果。但当时电视技巧的使用相对单一,多以主讲人的个人口才和独特讲述风格作为表现基础,传播具有一定局限性。

第二阶段是"综艺形态"传统文化节目的大量涌现。2013 年之后,以综艺方式进行优秀传统文化普及的节目开始蔚为大观,真正成为电视文化的主流形态。中央电视台和各地卫视推出一系列大型综艺节目,如中央电视台的《中国汉字听写大会》《中国成语大会》《中国谜语大会》,地方电视台的《汉字英雄》《成语英雄》《唐诗风云会》《传承者》,等等。这种综艺化探索在充分研究电视视听规律基础上,在文化内容上深耕细作,受到观众普遍欢迎,说明以电视综艺的形态传播优秀传统文化具有巨大潜力和生命力。

第三阶段是"综艺形态"传统文化节目的成熟期。从 2017 年到现在,引起广泛关注和欢迎、表现方式比较成熟的综艺节目如《中国诗词大会》《国家宝藏》等陆续出现,成为热点话题,影响广泛,开始占据各大电视台黄金时段。经过多年探索和努力,适合电视传播规律的传统文化综艺模式日趋成熟，传播深度和广度日益提升，成为传统文化走入年轻人心灵，激发年轻人对中华优秀传统文化挚爱的有效路径。

从优秀传统文化节目的"流行"可以看出，以综艺形式打通优秀传统文化与大众的隔膜，不仅可行，而且具有强大生命力。丰富的中华优秀传统文化资源，是大众文化不可或缺的源头活水；优秀传统文化的创造性转化和创新性发展也需要大众文化来有效传播，借由大众文化这一关键路径，让传统走出博物馆和古籍著作，活在人们心中，让人们受到滋养和浸润。

目前优秀传统文化综艺节目的探索，进入既深入发掘本土文化资源，又自觉追求本土原创模式的新阶段，尤其在节目模式原创性方面做出相当大努力。例如，《中国诗词大会》在长期探索的《中国汉字听写大会》《中国谜语大会》《中国成语大会》等节目基础上，把中华文化集中体现汉语之美、体现传统境界之美的诗词作为中心，在春节这一中国最重要的传统节日期间的电视黄金时段推出，用精彩诗词给人以美的享受的同时，通过竞技方式，让民间诗词爱好者展现知识储备和鉴赏能力，推动传统的诗心诗意走进人们心灵。而《国家宝藏》则让深藏在博物馆中的"镇馆之宝"在电视上与普通老百姓见面，用情景再现的方式讲述国宝来历和背景故事，博物馆馆长、文物专家、大众熟知的演员的多重阐释和演绎让国宝的人文价值得到充分展现，让国宝知识得以深度传播，真正让文化传承进入千家万户。

充分利用新兴媒体深掘传统文化意蕴

优秀传统文化经过20世纪的"现代性"阐释之后,与过去相比已经发生了变化。克服古今之间的差异,以当代的"流行化"方式阐释优秀传统文化,已经取得相当实绩和进展,但问题和挑战仍然不少。一是千人一面、重复单调,一窝蜂追逐同一题材主题,如不少传统诗词类节目形式相似,表现方式雷同,影响传播效果和公众接受。二是表现失当,对传统的发掘流于表面化和肤浅化,有时还出现"戏说"、过度阐释等情况,一些未必与当下时代契合的趣味时有出现。三是创新不足,缺乏更有效展示传统知识和价值的新手段、新方式,简单直接搬用传统知识,节目本身缺乏吸引力。

充分利用新兴媒体手段,让优秀传统文化更深入地"流行化",还需在以下几方面做出努力。

一是对优秀传统文化保持高度尊重。在活化和通俗化的过程中避免"戏说"和过度发挥,避免对传统价值的通俗化变为庸俗化,让优秀传统文化的呈现更接近其本质,开掘凸显其内在的真正魅力。中华优秀传统文化本身就有许多有魅力、有活力的故事,真正把传统的内涵发掘好、把传统的精神把握好,本身就是吸引力所在。

二是在综艺模式上推陈出新。充分研究电视和网络等新兴媒体规律和观众接受习惯,在汲取近年创新经验基础上大胆开拓。传播力是真正影响力的保障,影响力是真正接受度的前提。让传统"流行"起来,一定要让媒介特点得到充分发挥,通过影像和声音的丰富立体达到事半功倍的展现,通过让人耳目一新的设置、让人充满美的享受的环节使观众得到陶冶。

三是在"融媒体"传播上下功夫。利用多种媒体互动互渗，在传统电视媒体之外，通过多样传播方式，让优秀传统文化达到更好的传播效果、更丰富的吸引力。比如最近流行的"短视频"，是与电视综艺节目有差异的新"节目"，对于电视传播具有丰富支撑作用。利用好这些新的传播方式，对于优秀传统文化的"流行化"有重要意义。

如何让当代人理解优秀传统文化，对优秀传统文化进行可以为当代中国人深入理解的表达，尤其让当代年轻人更好地了解传统，需要持续付出艰苦努力的工作。让博大精深和生动活泼对接，让深厚沉雄和感性活跃对话，非一朝一夕之功。这要求对传统文化的"可释性"进行深入探讨，不断推进优秀传统文化的传承传播。从综艺节目到"短视频"，这些可贵探索为优秀传统文化的当代传播传承提供有益经验，为未来继续前行提供坚实基础。

《人民日报》(2019年2月1日)

★ 拓展阅读

兼顾"明体"与"达用"

关于人文与科技的关系问题,我国学者有自己的思考。钱钟书认为,人文与科技之间是"体"与"用"的关系。科技发展日新月异,人类对科学的认知也随之发生翻天覆地的变化;人文则相对稳定,人们对善恶美丑的认知在长时段内变化不大。因此,自然科学类的经典著作,如亚里士多德的《物理学》,往往只有科学史料的意义,数百年来少有人问津;而人文科学类的经典著作,如亚里士多德的《伦理学》,则对当今社会仍有影响。钱钟书用"明体"与"达用"这两个中国哲学的范畴来概括人文与科技的关系,体现了中国特色、中国风格和中国气派。

"明体"与"达用",二者缺一不可。人文与科技虽然在研究对象方面有所差别,但二者你中有我、我中有你,是交融共存、相互作用的。一方面,"明体"方能"达用":没有对人类社会的深刻体察和对人文的深入把握,科学就不可能健康发展,反而有可能给人类带来很多风险和危机。另一方面,"明体"还须"达用":科技在推动人类社会发展的同时,也带来许多新问题和新挑战。对这些新问题的思考和观照、对这些新挑战的应对与化解,正是人文科学发展的不竭动力源泉。

兼顾"明体"与"达用",是时代发展的现实要求。科技从来没有像今天这样全面渗入人们的日常生活,也从来没有像今天这样深刻改变着我们对世界的认知,改变着人文科学和文化的发展方式与形态。就拿文学来说,网络文学已发展为一种独特的文学形态,《花千骨》《琅琊榜》这些有较大影响的影视作品就来自网络文学的改编。当今的很多文学创作和想象,也深受科技影响。例如,科幻小说《三体》,就运用许多前沿科学研究成果和结论。同时,人文科学研究也吸收众多高新科技成果。例如,基因研究对人类上古史作出的分析,极大改变了原有历史研究格局,其研究成果已成为历史学等人文科学的新资源。同时应看到,虽然科技"致用"的功能十分强大,但它离不开人文之"体"的引导。没有人文科学的支撑,科技发展成果就难以得到普及,也难以受到必要的伦理和价值制约。就此而论,文化与科技的融合发展可谓大势所趋。真可谓一个国家的发展水平,既取决于自然科学发展水平,也取决于哲学社会科学发展水平;一个没有发达的自然科学的国家不可能走在世界前列,一个没有繁荣的哲学社会科学的国家也不可能走在世界前列。

当今世界,科学技术代表的不仅是科技文化,而且是一种现实的物质力量。对于一个国家和民族来说,科学技术是强盛之基。但科技在改善人们生活的同时,其不当运用也在不断使人类自食苦果:

自然环境不断恶化，生态、人口、资源问题突出，以及由此带来道德危机、价值失范和心理疾病增多等。我们既不能沉湎于已有的人文传统，无视科技发展的最新趋势；也不能像西方那样片面倚重科技，而忽视弘扬中华民族的人文精神。从促进文化与科技融合发展的现实需求来看，一方面，公众的科学意识还有待提升，科普工作仍是一项紧迫任务；另一方面，如何从人文科学与文化的角度认识科技、运用科技，规范科技发展，同样是一项紧迫任务。

"三性"彰显中国文化特色

中国特色社会主义文化，源自于中华民族5000多年文明历史所孕育的中华优秀传统文化，熔铸于党领导人民在革命、建设、改革中创造的革命文化和社会主义先进文化，植根于中国特色社会主义伟大实践。这是对中国文化历史渊源、发展规律的深刻把握。我们应着眼继承性、人民性、实践性，深刻理解和把握中国文化的鲜明特点。

继承性。中华优秀传统文化具有强大生命力和凝聚力，习近平总书记多次用精神命脉、重要源泉、坚实根基、突出优势来说明其地位和作用，并强调我们的文化自信"建立在5000多年文明传承基础上"。我们党领导人民在革命、建设、改革中创造的革命文化和社会主义先进文化，与中华优秀传统文化是一脉相承的。革命文化和社会主义先进文化中彰显的救亡图存、独立自主、艰苦奋斗、开放包容等思想和精神，都是对中华优秀传统文化的继承和发扬。可以说，中华优秀传统文化是革命文化和社会主义先进文化的根脉；而没有革命文化和社会主义先进文化，中华优秀传统文化就可能断流干涸。革命文化和社会主义先进文化是我国革命和社会主义建设实践的精神升华，是我们党带领人民实现民族独立、走向国家富强和人民幸福的文化基础，是中华民族生命力、凝聚力、创造力的全面传承和全景展现。

人民性。中国共产党人的初心和使命，就是为中国人民谋幸福，为中华民族谋复兴。这决定人民立场是中国共产党的根本政治立场。我们党自诞生之日起，就把坚持人民利益高于一切写在自己的旗帜上，把全心全意为人民服务作为根本宗旨。落实到文化领域，为什么人的问题始终是文化发展的根本性、原则性问题。中国文化是为了人民、服务人民的文化，不断满足人民日益增长的美好生活需要是中国文化发展的根本目的。中国文化着力于满足人民群众日益增长的多层次多方面多样化精神文化需求，其服务对象是人民群众，价值指向是提高人民群众的思想道德素质和科学文化水平，最终实现人的全面发展。现实中，中国文化面向人民群众，不断创新内容和形式，为人民群众提供健康向上、品质优良的公共文化产品和服务。更应看到，中国文化将人民群众作为建设主体。人民群众不仅直接参与文化建设，创造出大量先进文化成果，而且其丰富多彩的社会实践还为文化创造提供了宝贵素材和源头活水。

实践性。文化的基础在于社会实践，文化的生命力在于与社会实践紧密结合。中国文化发展伴随着民族自强和国家发展进程，始终与中国特色社会主义建设实践紧密结合在一起。改革开放尤其是党的十八大以来，我国经济建设、政治建设、社会建设、生态文明建设取得的重大成就，都与中国文化建设息息相关。可以说，中国特色社会主义伟大实践为发展中国文化、增强文化自觉和文化自信提供了坚实基础和丰厚土壤；中国文化发展繁荣为坚持和发展中国特色社会主义提供了有力保障和精神支撑。历史和实践表明，中国特色社会主义实践创造了中国历史乃至世界历史上的发展奇迹，孕育出具有中国特色、时代特色的思想和精神，决定着中国文化的实践性。

文化多样化新特点探源

陈金龙

文化是以多样化的形式存在的,不同国家、不同民族、不同时代的文化各有其形态、内涵和特点。当前,中国特色社会主义进入了新时代。随着不同文明交流互鉴广度、深度的拓展和文化自信的提升,文化多样化的特点更为明显。人民日益增长的文化生活需要,进一步强化了新时代的文化多样化。理解把握新时代文化多样化的新特点,对于准确把握新时代的特征、推动新时代文化繁荣发展具有重要意义。

基于文明交流互鉴的文化多样化

人类文明多样性是世界的基本特征,也是人类发展进步的动力源泉。习近平总书记指出:"文明具有多样性,就如同自然界物种的多样性一样，一同构成我们这个星球的生命本源。"世界因多彩而美丽，文明因交流互鉴而发展。当今时代，不同国家、不同民族文明交流互鉴的深化，在推动文明发展的同时，也在促进文化多样化发展。

中国日益走近世界舞台中央带来文化多样化机遇。随着经济实力、科技实力、综合国力和国际竞争力、影响力的不断增强，中国日益走近世界舞台中央，与不同文明交流对话、相互借鉴日益频繁、不断深入，文化空间和文化视野不断拓展。交流孕育融合，融合推动进步，促进新文化的形成。中国一向尊重文明多样化发展，积极促进不同文明平等相待、互学互鉴，努力推动人类文明实现创造性、多样化发展，必将为人类文明发展作出更大贡献，为人类社会进步作出更大贡献。

构建人类命运共同体呼唤文化多样化发展。构建人类命运共同体，是习近平总书记着眼人类发展和世界前途提出的中国理念、中国方案，受到国际社会高度评价，已被多次写入联合国文件，产生日益广泛而深远的国际影响。人类命运共同体是基于文化多样化的共同体，文化多样化是构建人类命运共同体的文化支撑。只有尊重各民族文化存在和发展的权利，促进各民族文化并存互鉴，世界才能走向持久和平、普遍安全、合作共赢。文化差异不应成为世界冲突的根源，而应成为人类命运共同体的基石。尊重文化多样性，以文明交流超越文明隔阂、文明互鉴超越文明冲突、文明共存超越文明优越，构建人类命运共同体的美好愿景才能一步步成为现实。

更高水平的对外开放增强文化多样化趋势。经济全球化是社会生产力发展的客观要求和科技进步的必然结果。尽管当前一些国家单边主义、贸易保护主义抬头，逆全球化暗流涌动，但无法扭转经济全球化的发展趋势。为促进全球开放合作，习近平总书记提出共建"一带一路"倡议。"一带一路"倡议是扩大开放的重大战略举措和经济外交的顶层设计，是破解人类发展难题的中国智慧和中国方案，也是探索全球经济治理新模式、构建人类命运共同体的重要路径，得到国际社会的积极响应。"一带一路"倡议的深入实施，在带动经济合作的同时，也在促进参与国家的文化交流。习近平总书记指出，"一带一路"延伸之处，是人文交流聚集活跃之地。"一带一路"是开放之路，也是文明交流融合之路，正在增强文化多样化趋势。

当今时代，世界范围的文明交流互鉴日益广泛而深入，有力促进了文化多样化发展。随着我国国际地位提升，文明交流互鉴在更大空间、更高层次上展开，文化多样化特征更为明显。

基于文化自信的文化多样化

习近平总书记在中国特色社会主义道路自信、理论自信、制度自信的基础上，又提出中国特色社会主义文化自信的重大命题，并强调文化自信是更基础、更广泛、更深厚的自信，是更基本、更深沉、更持久的力量。文化自信基于文化底蕴和文化胸怀，激发出文化创新创造活力，是推动新时代文化多样化发展的重要因素。

文化自信基于多元的文化底蕴。中国特色社会主义文化由中华优秀传统文化、革命文化、社会主义先进文化构成，这三种文化形态既有继承性，又各有独特内涵和功能。习近平总书记指出，在5000多年文明发展中孕育的中华优秀传统文化，在党和人民伟大斗争中孕育的革命文化和社会主义先进文化，积淀着中华民族最深层的精神追求，代表着中华民族独特的精神标识。这是对中华优秀传统文化、革命文化当代价值的充分肯定，也是对社会主义先进文化表征作用的高度认可。这三种文化形态共同支撑中国特色社会主义文化自信。可见，中国特色社会主义文化构成本身就带有多样化的特点。

文化自信基于博大的文化胸怀。文化自信是一种文化心理、文化态度，也是一种文化胸怀、文化境界。文化自信赋予中华民族面向世界的从容姿态，让我们对外来文化采取开放包容的态度，积极吸收借鉴外来文化的合理因素，努力使其与中国的历史文化传统有机结合起来，实现中国化、本土化，形成新的文化样态。同时，在主流文化占主导地位的基础上，多元文化并存，各种社会思潮不断碰撞、交流与对话。文化自信孕育的博大文化胸怀，催生了新时代文化的多样化。

文化自信激发文化创新创造活力。文化发展具有继承性，文化建设只能在现有文化基础上进行。同时，创新创造是文化的生命所在，是文化的本质特征，任何国家、民族的文化要传承下去都离不开创造性转化和创新性发展。文化自信使文化主体保持对中华优秀传统文化、革命文化的尊重和敬畏，从中汲取社会主义先进文化建设所需要的文化资源。文化自信激发创新创造灵感，成为文化发展的动力。基于文化自信的文化创新创造，让我们在传承既有文化形态的同时形成新的文化形态，从而丰富文化的多样化。

文化自信是新时代文化多样化形成的重要因素，缺乏文化自信就会导致文化封闭，其结果是文化的凋零和衰落。

基于人民文化需求的文化多样化

新时代我国社会主要矛盾已经转化为人民日益增长的美好生活需要和不平衡不充分的发展之间的矛盾。人民日益增长的美好生活需要，既包括物质生活需要，也包括精神生活需要。文化是人民生活不可缺少的要素，是提升人民物质生活和精神生活品质的支撑。不断满足人民的多样化文化生活需求，驱动文化多样化深入发展。

人民文化需求的多样性。文化生产是为了满足文化需求。只有适应不同层次、不同类型的文化需求，文化生产才能实现其价值和意义。人民群众年龄、经历和受教育程度、生活环境具有差异性，其文化需求也不相同，因而文化产品具有多样性特征。高雅文化与通俗文化、经典文化与流行文化、外来文化与本土文化并存，在满足不同文化需求的同时，使文化以多样化的样态存在。

文化生产主体的多元性。坚持公有制为主体、多种所有制经济共同发展的基本经济制度，既体现在物质生产领域，也体现在精神生产领域。近年来，在国有文化企业不断发展壮大的同时，民营经济在文化生产和文化产业发展中发挥着越来越重要的作用。民营文化企业、文化工作室等参与文化产品生产，成为推动文化发展的重要力量。网络作家、签约作家、自由撰稿人、独立制片人、独立演员歌手、自由美术工作者等新的文化群体的形成，壮大了文化创作生产队伍，激发了文化市场活力。不同文化生产主体有不同文化理念、文化追求，也有不同文化生产方式，在满足人民多样化、多层次文化生活需求的同时促进着文化多样化发展。

文化传播手段的多样性。当前，传统文化传播手段仍然具有重要作用，同时数字传播技术支持下的诸如网络、移动电视、手机、数字报刊等媒体表现出强大的文化传播能力。传统传播手段与新兴传播技术交互作用，促成传统形态与新型形态的文化产品并存，促进新型文化业态和文化消费模式不断出现，文字数码化、书籍图像化、阅读网络化的发展促进着文化多样化发展。

我们党践行以人民为主体、以人民为中心的价值理念，不断满足人民日益增长的文化生活需要，从而推动文化多样化深入发展。

《人民日报》（2019年3月22日）

★ 拓展阅读

意识形态工作的领导权
任何时候都不能旁落

意识形态决定着一个国家、一个政党的性质，决定着举什么旗、走什么路这一根本问题。以习近平同志为核心的党中央高度重视意识形态工作，指出意识形态工作是为国家立心、为民族立魂的工作，强调意识形态工作的领导权任何时候都不能旁落。

党的十八大以来，在以习近平同志为核心的党中央坚强领导下，宣传思想战线敢于斗争、敢于亮剑，理直气壮弘扬新风正气，坚决果断消除顽瘴痼疾，意识形态领域形势发生全局性、根本性转变，全党全国各族人民文化自信明显增强，全社会凝聚力和向心力极大提升，为新时代开创党和国家事业新局面提供了坚强思想保证和强大精神力量。

强化政治责任，党对意识形态工作的领导全面加强。旗帜鲜明坚持党管宣传、党管意识形态、党管媒体，着力解决意识形态领域党的领导弱化问题，就意识形态领域许多方向性、战略性问题作出部署，确立和坚持马克思主义在意识形态领域指导地位的根本制度，健全意识形态工作责任制，推动全党动手抓宣传思想工作。制定《中国共产党宣传工作条例》，对新时代宣传思想工作作出制度安排和规范要求；出台《党委（党组）意识形态工作责任制实施办法》，以党内法规形式明确各级党委（党组）的政治责任、主体责任，并将责任落实情况纳入巡视巡察安排。压紧压实属地管理和主管主办责任，推动各地各部门切实做到守土有责、守土负责、守土尽责。

高扬思想旗帜，全党全国人民团结奋斗的主心骨更加坚定。持续推动习近平新时代中国特色社会主义思想学习宣传贯彻走深走实，推动用党的创新理论武装全党、教育人民、指导实践。组织编辑《习近平谈治国理政》第一卷、第二卷、第三卷，编写《习近平新时代中国特色社会主义思想学习纲要》《习近平新时代中国特色社会主义思想学习问答》等辅导读本，建设习近平新时代中国特色社会主义思想研究中心（院），建设新时代文明实践中心，打造"学习强国"学习平台，组织开展分众化、对象化宣讲，持续兴起学习宣传贯彻热潮。抓住党员领导干部这个"关键少数"，提高党委（党组）理论学习中心组学习质量和效果。加强高校思想政治工作，建好高校马克思主义学院，推动高校为党育人为国育才。深化马克思主义理论研究和建设，推进中国特色哲学社会科学学科体系、学术体系、话语体系建设。

弘扬时代强音，爱党爱国爱社会主义的主旋律高昂响亮。广泛开展中国特色社会主义和中国梦宣传教育，推动理想信念教育常态化制度化，完善思想政治工作体系，激发全党全国人民团结奋斗的信心和力量。在全党开展党史学习教育，在全社会进行党史、新中国史、改革开放史、社会主义发展史宣传教育，建成中国共产党历史展览馆，开展庆祝中国共产党成立100周年、中华人民共和国成立70周年、中国人民解放军建军90周年、改革开放40周年等活动，在全社会唱响了主旋律、弘扬了正能量。高度重视传播手段建设和创新，推动媒体融合发展，提高新闻舆论传播力、引导力、影响力、公信力。深入宣传统筹推进"五位一体"总体布局、协调推进"四个全面"战略布局，决战脱贫攻坚、决胜全面小康的战略部署和重大成就，深入宣传把握新发展阶段、贯彻新发展理念、构建新发展格局、推动高质量发展的部署要求和进展成效，唱响中国共产党好、社会主义好、改革开放好、伟大祖国好、人民军队好的时代主旋律，汇聚起意气风发、勇毅前行的磅礴力量。

着眼凝聚人心，社会主义核心价值观的正能量充沛强劲。坚持以社会主义核心价值观引领文化建设，着眼培养担当民族复兴大任的时代新人，把培育和弘扬社会主义核心价值观作为凝魂聚气、强基固本的基础工程。深入实施公民道德建设工程，深化群众性精神文明创建，推动社会主义核心价值观入法入规，使社会主义核心价值观融入社会发展各方面。建立健全党和国家功勋荣誉表彰制度，设立烈士纪念日，选树和宣传道德模范、时代楷模、最美人物、身边好人，广泛弘扬民族精神和时代精神。注重用社会主义先进文化、革命文化、中华优秀传统文化培根铸魂，实施中华优秀传统文化传承发展工程，推动中华优秀传统文化创造性转化、创新性发展。繁荣文艺创作，完善公共文化服务体系，推动文化事业和文化产业全面发展，努力为人民提供更多更好的精神食粮。

讲好中国故事，真实立体全面的中国形象鲜亮突出。加快国际传播能力建设，向世界讲好中国故事、中国共产党故事，传播好中国声音，促进人类文明交流互鉴。精心做好习近平总书记著作翻译出版和宣介推广，创新开展高访外宣和系列主场外宣活动。围绕构建人类命运共同体、共建"一带一路"等重要理念主张，精心设计针对性强、关注度高的外宣议题，生动鲜活展示中国形象，积极回应国际社会关切，真诚亲和增进国际共识。坚持"请进来"与"走出去"相结合，积极争取知华友华力量。

敢于担当亮剑，意识形态领域向上向好态势不断巩固。从正本清源入手加强宣传思想工作，召开全国宣传思想工作会议等重要会议，习近平总书记发表一系列重要讲话，就一系列根本性问题阐明原则立场，廓清了理论是非，划清了底线红线，校正了工作导向。各级党组织当战士不当"绅士"，旗帜鲜明反对和抵制所谓西方宪政民主、"普世价值"、公民社会、历史虚无主义、新自由主义等错误观点，对意识形态问题频发多发、处置不力的单位和组织严肃追责问责。加强意识形态阵地管理，特别是高度重视互联网这个意识形态斗争主阵地、主战场、最前沿的管理，健全互联网领导和管理体制，坚持依法管网治网，营造清朗的网络空间，互联网这个最大变量正在变成事业发展的最大增量。

新的征程上，做好意识形态工作，必须坚持以习近平新时代中国特色社会主义思想为指引，高举中国特色社会主义伟大旗帜，巩固马克思主义在意识形态领域的指导地位，巩固全党全国人民团结奋斗的共同思想基础，建设具有强大凝聚力和引领力的社会主义意识形态，建设具有强大生命力和创造力的社会主义精神文明，建设具有强大感召力和影响力的中华文化软实力，努力建设社会主义文化强国。

始终坚持马克思主义在意识形态领域指导地位的根本制度。深刻把握这一根本制度的本质规定和实践要求，切实把马克思主义指导地位贯穿到宣传思想工作各领域，落实到理论舆论、文化文艺、内宣外宣、网上网下、体制内体制外各项工作和各个阵地。围绕这一根本制度完善做好意识形态工作的体制机制，切实把党的领导、党的意志、党的主张贯彻到具体工作之中，确保全党统一思想、统一意志、统一行动。

着力增强社会主义意识形态的凝聚力和引领力。坚持以立为本、立破并举，推进社会主义意识形态建设，使全体人民在理想信念、价值理念、道德观念上紧紧团结在一起。健全用党的创新理论武装全党、教育人民工作体系，推动全党全社会深入学习领会、全面贯彻落实习近平新时代中国特色社会主义思想。紧扣实现民族复兴主题坚定信心、鼓舞斗志、汇聚力量，紧扣新时代党的历史任务统一思想、凝聚共识、鼓足干劲。投入更大力量、更多资源解决人民群众的急难愁盼问题，增强人民获得感、幸福感、安全感。

全面落实意识形态工作责任制。推动各级党委（党组）增强维护意识形态安全的政治敏锐，强化建设社会主义意识形态的政治担当，全面落实意识形态工作各项任务，守住管好各类意识形态阵地。

对大是大非问题、政治原则问题敢抓敢管、敢于斗争，加强阵地建设和管理，注意区分政治原则问题、思想认识问题、学术观点问题，旗帜鲜明反对和抵制各种错误观点。对落实责任不力造成严重后果、影响恶劣的，该问责的问责。发挥好巡视利剑作用，抓好意识形态专项检查，不断提升意识形态工作的整体效能。

民族复兴亟须文化自信

为什么亟须继承和弘扬中华优秀传统文化？因为这是创造中华文化新辉煌的必然要求。众所周知，中国自近代以来，不少知识分子对自己的传统文化失去自信，主张学习西方就必须全盘照搬，文化发展上也是如此。直至今天，仍有一些人持这种观点。习近平总书记指出"不忘历史才能开辟未来，善于继承才能善于创新"，强调"只有坚持从历史走向未来，从延续民族文化血脉中开拓前进，我们才能做好今天的事业"。这阐明了我国文化建设必须坚持的基本原则，那就是树立文化自信。

文化自信是相信自身文化的生命力和影响力，也就是认为自己的文化具有重大历史和现实价值，必须继承和弘扬。文化自信包括多方面的内涵，包括对自身文化发展历史与现实的理性认知，对历史文化成就的崇敬与自豪，对自身文化长处和不足的了解，对自身文化创新和取长补短能力的科学认识，对未来文化发展前景充满希望。

之所以亟须树立文化自信，是因为优秀文化成果具有超时代性或永恒性。中国传统文化中的中正仁和、自强不息的理念和仁义礼智信等价值观，至今仍有重大价值。此外，天下为公、以民为本、与时俱进、知行合一、修身自省、和而不同、居安思危等思想，也具有超时代性。中华优秀传统文化可以为今天的人们认识和改造世界提供有益启迪，也可以为治国理政提供有益启示，还可以为思想道德建设提供有益启发。我们应结合时代条件加以继承和发扬，赋予其新的内涵。

中华传统文化与世界上其他文化相比，具有自己的优越性。一是唯有中华文明延续五千年而不衰。罗素说过：中华文明是唯一从古代存留至今的文明。从孔子的时代以来，古埃及、巴比伦、马其顿、罗马帝国都先后灭亡，只有中国通过不断进化依然生存。二是自秦以来中国历经两千多年而最终保持统一，不像欧洲那样分成众多国家，这与中华文化不无关系。三是中华文化在历史上曾长期处于世界领先地位，中华文化是世界主流文化之一，对西方文化也曾产生过重要影响，只是在19世纪后才开始衰落。四是在世界几大文化体系中，中华文化排他性最小、包容性最强，世界三大宗教都在中国存在和发展。五是在世界各国中,中国的古文献资料最为丰富,为文化传承奠定了坚实基础。所有这些优越性,是我们树立文化自信的依据。

在现代化过程中,现代与传统是紧密相连的。现代化的本质是在传统基础上适应现代发展趋势而不断创新。历史上成功的现代化运动大多是一个双向互动的过程,既善于克服传统文化对现代化运动的阻力,也善于使传统文化转换成现代文明。抛弃传统、丢掉根本,就等于割断了自己的血脉。不忘本源才能开辟未来,善于继承才能更好创新。对传统文化尤其是其中一些合理的价值理念和道德规范,要坚持古为今用、推陈出新,努力用中华民族创造的精神财富来以文化人、以文育人。

文化是民族的灵魂、民族的血脉。没有灵魂的民族不可能屹立于世界,没有血脉的民族不可能发展壮大。实现中华民族伟大复兴的中国梦,亟须复兴中华文化。在当今世界思想文化不断交流交融交锋的新形势下,如果我们没有文化自信,一味否定传统、妄自菲薄、自轻自贱,必将丧失自己的优秀文化传统,成为西方文化的附庸。只有树立文化自信,才能在继承和弘扬中华优秀文化传统中建成社会主义文化强国。

文化兴国运兴

李忠杰

文化是一个国家、一个民族的灵魂，文化的繁荣兴盛与国家、民族的前途命运紧紧联系在一起。习近平总书记在党的十九大报告中指出，"文化兴国运兴，文化强民族强。没有高度的文化自信，没有文化的繁荣兴盛，就没有中华民族伟大复兴。"全面建成社会主义现代化强国的宏伟目标，包含着建设文化强国的战略任务。在当代中国，建设社会主义文化强国，核心是发展中国特色社会主义文化，不断铸就中华文化新辉煌。

文化发展受制于国运兴衰

文化是非常重要的人类现象，也是非常复杂的学术概念。人们最初谈论的文化是指与武力相对的教化。在我国古代，有"观乎人文，以化成天下"之说。经过数千年演化之后，现在我们所说的广义上的文化，是指人类改造客观世界与主观世界的活动及其成果的总和，包括物质文化和精神文化两大类。从狭义上说，文化主要是指精神文化。

中华民族有悠久的历史文化传统。在当代中国，在中国共产党领导下，又进一步发展形成中国特色社会主义文化。中国特色社会主义文化，源自于中华民族5000多年文明历史所孕育的中华优秀传统文化，熔铸于党领导人民在革命、建设、改革中创造的革命文化和社会主义先进文化，根植于中国特色社会主义伟大实践。

文化发展状况与国运兴衰密切相关。国运通常指由一定的社会发展规律和主客观条件影响和决定的国家发展态势。物质决定精神，存在决定意识。文化作为一种精神现象，从根本上说源于社会生活，尤其源于一定社会的物质生产活动，文化始终是社会生活、社会存在的反映。一个国家的发展态势如何，国运是否昌盛，对文化发展程度和质量水平起着至关重要的作用。从我国历史来看，不同朝代文化有盛有衰，发展错综复杂。一般来说，国运昌盛之时，文化也会有较大发展；国运衰微之时，文化也会处于低迷状态。从世界范围来看，文化发展状况也与国运密切相关。一个国家强盛之时，一般都会形成某种文化和文明类型。借助于国家的强盛，这种文化还会扩大传播范围，影响其他国家和民族。

为什么文化发展状况与国运兴衰之间密切相关？一是由于在国运昌盛之时，生产力比较发达，经济活动繁荣活跃，可以提供相对厚实的物质基础，这为文化发展创造了良好条件。二是在国家发展处于上升期时，有一套适应于当时条件的政治制度和治理体系，这也为促进制度文化、道德伦理和相关学说的形成与发展提供了有利条件。三是国运昌盛时人民安居乐业，在精神层面有了更多追求，也有更多闲暇时间享受文化生活，从而形成比较旺盛的文化需求。四是在社会条件较好、文化需求又比较旺盛的情况下，就会有更多人员从事文化活动，文化人才不断涌现，文化创造的积极性得到充分激发，各种文化成果也便于传播。反过来讲，如果国运衰微、经济萧条、社会动荡，文化发展的环境就会恶化，文化发展往往陷于低潮。

当然，文化发展还受到其他许多因素的制约，特别是国家对文化的态度会直接影响文化的兴衰。因此，文化因国运兴而兴，主要是从大概率、大条件来说的。

国家强盛需要文化支撑

文化对国家发展和社会进步也起着重要的支撑作用。对于一个国家而言，文化是形象和软实力；对于一个民族而言，文化是灵魂和旗帜。国家的存在和发展，既需要以物质、经济的发展作为基础，也离不开精神、文化的作用。文化繁荣兴盛是国家发展进步的重要内容，也是国家发展进步在精神领域的重要标志。历史反复证明，一个国家的发展需要强大的物质力量，也需要强大的精神力量。没有先进文化的积极引领，没有人民精神世界的极大丰富，没有民族精神力量的不断增强，一个国家不可能强盛，一个民族不可能屹立于世界民族之林。

文化在很大程度上导引着国家的发展方向。一个国家，沿着哪条道路、朝着哪个方向发展，决定着国家的前途命运。国家的发展方向，既由生产力发展水平决定，也受文化的影响和制约；既是一种自然历史过程，也受人的主观影响。一个国家的人们对社会发展的规律认识到什么程度，形成了什么样的核心价值和思想理念，就会推动这个国家走什么样的发展道路、朝什么样的方向发展。因此，文化的性质和形态在相当程度上影响和制约着国家的前途命运。一个国家强大与否，既取决于经济实力、军事实力，同时也取决于文化实力、精神实力。文化已经越来越成为一个国家综合国力的重要组成部分。

文化还是推动国家发展的强大精神力量。文化包含着十分丰富的内容，从不同侧面对国家发展起着重要支撑作用。其中，语言文字文化是人类早期发展起来的基础文化，共同的语言文字是一个国家和民族最重要的特征之一，对增强国家凝聚力、创造力、影响力起着基础性作用。科学技术文化是人们在科学、教育等领域活动取得的成果，对生产力的发展起着智力支持作用，是增强国家物质力量、提升国家综合国力的关键因素。思想道德文化是文化的一项重要内容，它指明社会发展的方向，塑造人们的精神世界，对社会生活发挥着评判、凝聚、教化和定向的功能。文学艺术文化是以语言、造型、表演等形式满足人们审美需要的文化类型，反映的是人们对于美的事物、美的境界的追求，既可以陶冶人们的心灵世界、提升人们的幸福指数，也有助于传播国家意志、凝聚国家力量。社会习俗文化是一种大众文化，科学、积极、健康的社会习俗不仅丰富人们的物质和精神生活，而且有助于人们深化对真善美的认识和理解。制度文化对国家各种制度、法律、道德的建构发挥着指导作用，规范着社会生活的秩序，促进各种体制机制的优化，提升国家治理水平，保障国家发展。

中国共产党始终代表中国先进文化的前进方向。我们党坚持传承和弘扬中华优秀传统文化，发展社会主义先进文化，加强社会主义精神文明建设，培育和践行社会主义核心价值观。今天，我们党所发展的中国特色社会主义文化，积淀着中华民族最深层的精神追求，代表着中华民族独特的精神标识，是中国人民胜利前行的强大精神力量，是保障国运昌盛的重要条件之一。

兴文化，强国运

党的十九大报告把国运与文化联系起来，进一步从国运的高度强调了文化建设的重要性。新时代，我们一定要全面认识国运与文化的关系，兴文化，强国运。为此，必须坚持中国特色社会主义文化发展道路，激发全民族文化创新创造活力，努力建设社会主义文化强国。

兴文化，就是要发展中国特色社会主义文化。我们要以马克思主义为指导，坚守中华文化立场，立足当代中国现实，结合当今时代条件，发展面向现代化、面向世界、面向未来的，民族的科学的大众的社会主义文化，推动社会主义精神文明和物质文明协调发展，使中国特色社会主义文化对我国未来发展起到引领和保障作用。

强国运，就是要按照"两个一百年"奋斗目标，在全面建成小康社会的基础上，分两步走在本世纪中叶建成富强民主文明和谐美丽的社会主义现代化强国，使我国物质文明、政治文明、精神文明、社会文明、生态文明全面提升，实现国家治理体系和治理能力现代化，使全体人民基本实现共同富裕、享有更加幸福安康的生活，使中华民族以更加昂扬的姿态屹立于世界民族之林。

兴文化、强国运，需要我们从多方面作出努力。一是推进马克思主义中国化时代化大众化。要深入学习贯彻习近平新时代中国特色社会主义思想，建设具有强大凝聚力和引领力的社会主义意识形态，深化马克思主义理论研究和建设，加快构建中国特色哲学社会科学。二是培育和践行社会主义核心价值观。发挥社会主义核心价值观在精神领域的引领作用，将其转化为人们的情感认同和行为习惯。深入挖掘中华优秀传统文化蕴含的思想观念、人文精神、道德规范，结合时代要求继承创新，让中华文化展现出永久魅力和时代风采。三是加强思想道德建设。提高人民思想觉悟、道德水准、文明素养，提高全社会文明程度，推进社会公德、职业道德、家庭美德、个人品德建设，弘扬科学精神，倡导时代新风。四是繁荣发展社会主义文艺。坚持以人民为中心的创作导向，不断推出人民欢迎的精品力作。五是推动文化事业和文化产业发展。深化文化体制改革，完善公共文化服务体系，丰富群众性文化活动。健全现代文化产业体系和市场体系，培育新型文化业态。加强中外人文交流，推进国际传播能力建设，讲好中国故事，提高国家文化软实力。

《人民日报》（2019年4月10日）

★ 拓展阅读

建设先进的党内政治文化

通常所说的文化,是指精神层面的文化,而政治文化就是精神文化的一个重要类别和重要方面。它是社会的政治关系、政治过程、政治制度、政治活动等在人们精神领域的反映,是一定的社会主体对于政治问题的认识、态度和价值取向,主要由政治心理、政治思想和政治态度等构成。

政治文化既渗透和存在于社会生活的各个方面,也存在于政党生活的内部。一个政党的指导思想、奋斗目标、路线纲领、制度规范、思维方式、价值观念、精神状态、作风习惯等,从宏观上看,其实都属于政治文化范畴。由于这种政治文化是在政党组织内部存在和发挥作用,所以可称之为党内政治文化。党内政治文化渗透于党内生活和党的建设的方方面面。党建总格局中的思想建设、组织建设、作风建设、制度建设和反腐倡廉建设,每一种建设都蕴含着党内政治文化因素,都受到党内政治文化的影响和制约。无论是否有意识，党在制定自己的路线方针政策、确定赖以遵循的制度纪律时，每个党员和领导干部在从事党内外的公务甚至一部分个人活动时，都受到一定政治文化观念支配，体现着一定的文化思想和文化风格。

党内政治文化来自社会和国家的政治生活，也来自政党自身的实践活动。党内政治文化一旦形成，就对党的全部活动起着极为重要的指导作用。作为一种标志，它直接反映党的基本性质、政治倾向、健康程度和进步水准。所谓先进的党、革命的党，必然也是在思想文化上进步的党。只有在先进文化的指导下，在代表先进文化的情况下，这个党才能在社会政治生活中发挥进步作用。相反，如果一个党的思想体系、价值观念、思维方式都处于非常落后的状态，甚至已经腐朽、没落，那它就绝不可能对社会历史进步起推动作用。

党内政治文化既表现和反映党的整体，也存在和表现在每一个个体即共产党员身上。党的整体的政治文化，体现在党的指导思想、奋斗目标、路线纲领、制度规范、思维方式、价值观念、态度习惯等上，最重要的文本载体即为党章和党的其他重要文件，动态载体即为全党特别是党中央的重要活动和工作。党员和领导干部个体的政治文化，则主要表现为对党的整体文化的认识、认同和态度，表现为每个党员和领导干部内心深处的政治立场、政治态度、政治取向、政治信念，表现为影响、指导和制约每个党员和领导干部行为的政治心理、政治观念和政治规范。

这种整体与个体的政治文化，是一种辩证统一关系。整体的政治文化指导、规范和决定着个体的政治文化，个体的政治文化也能影响、制约整体的政治文化。某些地方发生塌方式腐败，表明局部的政治文化出了问题。而个体的政治文化也不是孤立的，它们会互相渗透、互相影响，促使局部乃至全局整体的政治文化或向积极健康的方向发展或向消极落后的方向演变。如果共产党员和领导干部在政治文化上出了问题，不仅会导致党员和领导干部本人滑向错误的道路，而且会对党的整体形象乃至先进性产生严重影响。

所以说，党内政治文化建设是一种深层次、基础性建设。党内政治文化是我们党生存和发展的重要力量，党的生机活力要以党内政治文化健康发展并始终走在时代前列为支撑。无论从党的整体来看，还是从党员和领导干部个体来看，加强党内政治文化建设都具有极其重要的意义。

中国共产党作为"两个先锋队"，既要不断解放和发展中国的社会生产力，也要建设符合历史发展方向的中国特色社会主义文化；既要领导和组织整个社会的文化建设，也要积极推进党内政治文化建设。

党内政治文化具有丰富的表现形式，也会有积极健康与落后腐朽之分。从党的主体和主流来看，我们党的党内政治文化是进步、健康和先进的。但由于受外部环境和党内某些复杂因素的影响，党内政治文化也会在某一局部、某一层面出现一些消极、错误甚至腐败现象。因此，在全面从严治党中，必须始终按照正确的方向，大力建设先进健康的党内政治文化，确保党内政治文化保持先进状态，始终走在时代和人类文明的前列。

党内政治文化建设是一个继承和发展相结合的过程。100多年的历史中，我们党创造和建设了极其丰富的党内政治文化，形成了一系列优良成果和传统。比如，通过党的组织建设，形成了正确的组织路线，培养和造就一大批优秀党员和领导骨干，成为坚持和发展党内政治文化的主体。又如，通过作风建设，形成理论联系实际、密切联系群众、批评和自我批评以及"两个务必"等优良作风，将党内政治文化外化为全党的行为特点和风格习惯。再如，通过制度建设，制定以党章为核心、由一系列规章制度构成的党内政治和组织规范，将党内政治文化固化为政治上和组织上的约束体系。还如，通过反腐倡廉建设，不断抵御外部腐朽因素对党的侵蚀，剔除党内产生的某些病变，使党内政治文化在激浊扬清中增强自我净化能力。

同时要适应新的时代要求，以党章为根本遵循，把加强和建设党内政治文化作为党内政治生活的重要内容，通过培养先进和健康的政治文化，增强党内政治生活的政治性、时代性、原则性、战斗性，增强党自我净化、自我完善、自我革新、自我提高能力。

从内容上说，要把思想理论建设作为党内政治文化建设的首要内容。学懂弄通做实习近平新时代中国特色社会主义思想，认真学习党章党规，不断提高政治觉悟和理论水平。把坚定理想信念作为党内政治文化建设的关键环节，增强"四个意识"、坚定"四个自信"、做到"两个维护"。把遵循党的路线作为党内政治文化建设的根本要求，坚持党的基本路线不动摇，坚持解放思想、实事求是、与时俱进、求真务实的思想路线,严格执行党的组织路线和群众路线。把严明纪律作为党内政治文化建设的重要内容,充分发挥纪律对于全党统一意志、统一行动的保障作用,大力增强全体党员遵守纪律的政治观念和政治意识。把坚持党的根本宗旨作为政治文化建设的落脚点,以人民群众为中心,全心全意为人民服务,保持党同人民群众的血肉联系,当好人民公仆。把反对腐败作为党内政治文化建设的重要任务,筑牢拒腐防变的思想防线和制度防线,践行社会主义核心价值观。

从方式上说,要把学习党章党规作为党内政治文化建设的基本措施,坚持民主集中制原则和其他政治规范,尊重党员主体地位,保障党员民主权利,营造党内生动活泼的政治局面。把正确选人用人作为党内政治文化建设的导向标杆。坚持德才兼备、以德为先、五湖四海、任人唯贤,严格防范和纠正选人用人上的不正之风。把组织生活作为党内政治文化建设的重要载体,坚持党的组织生活的各项制度,创新方式方法,增强党的组织生活的活力。把批评和自我批评作为党内政治文化建设的重要手段,坚持自我解剖、认真整改、从谏如流、敢于直言,讲党性不讲私情,讲真理不讲面子。把加强监督作为党内政治文化建设的重要保障,完善权力制约和监督机制,确保正确运用权力,形成有权必有责、用权必担责、滥权必追责的制度安排。把家庭文化作为党内政治文化建设的延伸,注重家庭、家教、家风,教育管理好亲属和身边工作人员。

党内政治文化建设是一项艰巨复杂的任务,要从多方面着手。

思想教育是基本方式，要长期坚持，常抓不懈。制度建设是根本环节，只有建立健全科学合理的制度体系，党内政治文化才能以比较完整和规范的形式存在。坚持奖优罚劣，提倡什么、鼓励什么、抵制什么、反对什么都应有明确的导向，并在干部制度和其他制度上体现出来。还应注意人格的力量、品行的修养、知识的学习、文化的熏陶，等等。

>>> 文化自信

坚定文化自信的底气所在

中华优秀传统文化是我们民族的"根"和"魂",是海内外中华儿女构建中华民族共有精神家园、增进文化认同和价值认同的最大公约数。同时,它也是我们走向世界、拥抱世界文明的价值根基,是中华民族对人类文明的重要贡献。在和平与发展成为时代主题的今天,中华优秀传统文化是我们与其他国家平等友好交往的重要精神资源,是我们树立和增强文化自信的底气所在。

中华优秀传统文化,是中华民族在长期发展中形成的价值观念、理想人格、思维方式、伦理观念、审美情趣等。中华文明绵延数千年,有其独特的价值体系。这个独特的价值体系包蕴着丰富的文化内涵和深刻的价值理念。对这些文化内涵和价值理念的概括和评价,人们自可见仁见智。但经过认真思考的研究者和实际工作者都认为，要认真汲取中华优秀传统文化的思想精华，深入挖掘和阐发其讲仁爱、重民本、守诚信、崇正义、尚和合、求大同的时代价值。应当说，这六个方面的内容是中华优秀传统文化的核心价值。与这六个方面的核心价值相辅而行的，是道法自然、天人合一、为政以德、和而不同、自强不息、厚德载物、天下为公、义以为上、知行合一、己所不欲勿施于人等思想观念。这些思想观念体现了中华民族独特的智慧和力量，在中国传统社会和中华民族发展进程中起到重大推动作用。直到今天，这些思想观念仍然具有治国安邦、安身立命的重要精神价值。

在中华民族数千年的发展历程中，以优秀传统文化为标识的中华文化积淀着中华民族最深沉的精神追求，为中华民族发展壮大提供了丰厚滋养。以爱国主义为核心，以团结统一、爱好和平、勤劳勇敢、自强不息为价值取向的中华民族精神，成为多元一体的中华民族和中华文化生生不息的精神动力。"正德、利用、厚生、惟和""为天地立心，为生民立命，为往圣继绝学，为万世开太平"，格物致知、诚意正心、修身齐家治国平天下，这些彰显中华特色的价值追求，为中华民族挺起精神脊梁、善用外部条件，实现国家长治久安、民众安身立命提供了基本思维模式和价值理念。

中华优秀传统文化的一个重要方面，是自强不息的奋斗精神。《周易》所讲的"天行健，君子以自强不息"，是我们民族的文化基因；"天地之大德曰生""苟日新，日日新，又日新"，这些古代经典里的基本理念，是对我们民族自强不息精神的提炼。值得关注的是，自强不息精神往往通过在艰难困苦中磨炼抗争并最终取得胜利而彰显。司马迁在《报任安书》中阐述："西伯拘而演《周易》；仲尼厄而作《春秋》；屈原放逐，乃赋《离骚》；左丘失明，厥有《国语》；孙子膑脚，《兵法》修列；不韦迁蜀，世传《吕览》；韩非囚秦，《说难》《孤愤》；《诗》三百篇，大底贤圣发愤之所为作也。"这些事例是中华民族志向高远、坚忍不拔的典范。正是在这种自强不息的人文精神激励下，中华民族在无数的艰难坎坷中始终奋力前行，并不断创造新的文化辉煌。

中华优秀传统文化与社会主义核心价值观紧密联系、息息相通：中华优秀传统文化为社会主义核心价值观提供精神滋养，社会主义核心价值观是对中华优秀传统文化的创造性转化和创新性发展。我们讲文化自信，就应当看到这一点，从而更好地找到文化自信的价值基点。

今天的中国，思想文化领域可谓绚丽多彩；今天的世界，经济全球化、文化多样化是潮流所向。面对此情此景，要树立和增强文化自信，大力培育和弘扬社会主义核心价值观、弘扬中华优秀传统文化，立好自己的"主心骨"，挺起中华文化的

"精神脊梁"。在此基础上，还应借鉴吸纳世界各国文化的优长，以成就中国特色社会主义先进文化。对此，费孝通的文化价值观可以作为思路："各美其美，美人之美，美美与共，天下大同。"之所以倡导这种思路，是因为其背后的历史文化支撑是古代经典《中庸》所主张的"万物并育而不相害，道并行而不相悖"。这种文化价值观的本质是"和而不同"，也是我们树立和增强文化自信应坚持的一个基本理念。

夯实"中国之治"的文化根基

孙来斌

文运同国运相牵,文脉同国脉相连。党的十九届四中全会《中共中央关于坚持和完善中国特色社会主义制度、推进国家治理体系和治理能力现代化若干重大问题的决定》从13个方面系统概括了我国国家制度和国家治理体系的显著优势,其中一个重要方面是"坚持共同的理想信念、价值理念、道德观念,弘扬中华优秀传统文化、革命文化、社会主义先进文化,促进全体人民在思想上精神上紧紧团结在一起的显著优势"。这体现了坚定的文化自信、深刻的文化自觉、科学的制度设计。我们要准确把握这一显著优势的丰富内涵、实践要求,以制度优势更好构筑中国精神、中国价值、中国力量,促进全体人民在思想上精神上紧紧团结在一起,为实现"两个一百年"奋斗目标、实现中华民族伟大复兴的中国梦筑牢精神文化支撑。

为繁荣发展社会主义先进文化提供制度保障

新中国成立后特别是改革开放以来，我们党坚持以马克思主义为指导，坚持从基本国情出发、从实际出发，持续推进理论创新、实践创新、制度创新、文化创新以及各方面创新，不断发挥文化在中国特色社会主义事业中的强大引领和凝聚作用，形成了繁荣发展社会主义先进文化的制度体系。

坚持马克思主义在意识形态领域指导地位的根本制度。意识形态决定文化前进方向和发展道路。马克思主义揭示了人类社会发展规律，是我们立党立国的根本指导思想。党的十九届四中全会把坚持马克思主义在意识形态领域的指导地位作为一项根本制度提出来，是关系党和国家事业长远发展、关系我国文化前进方向和发展道路的重大制度创新。中国特色社会主义进入新时代，坚持马克思主义在意识形态领域的指导地位，就要深入学习领会习近平新时代中国特色社会主义思想，用以武装头脑、指导实践、推动工作。

坚持以社会主义核心价值观引领文化建设制度。社会主义核心价值观是社会主义先进文化的精髓，是当代中国精神的集中体现，凝结着全体人民共同的价值追求。让社会主义核心价值观成为百姓日用而不觉的行为准则，离不开宣传教育，也离不开制度保障。党的十八大以来，党中央、国务院印发的《新时代公民道德建设实施纲要》《新时代爱国主义教育实施纲要》等，为发挥制度保障作用、提升公民思想道德素质提供了基本遵循。

健全人民文化权益保障制度。社会主义文化本质上是人民大众的文化，是人民共建共享的文化。改革开放以来特别是党的十八大以来，我们坚持以人民为中心的工作导向，不断完善文化产品创作生产传播的引导激励机制，着力推出更多群众喜爱的文化精品。注重完善城乡公共文化服务体系，优化城乡文化资源配置，推动基层文化惠民工程扩大覆盖面、增强实效性，健全支持开展群众性文化活动机制，切实保障人民文化权益。

完善坚持正确导向的舆论引导工作机制。党的新闻舆论工作是党的一项重要工作，舆论引导能力属于国家治理能力的重要内容。党的十八大以来，根据新形势下党的新闻舆论工作新要求，我们坚持党管媒体原则，着力构建全媒体传播体系、完善舆论监督制度、健全重大舆情和突发事件舆论引导机制、建立健全网络综合治理体系，为全面深化改革、推进社会主义现代化建设营造了良好社会舆论氛围。

建立健全把社会效益放在首位、社会效益和经济效益相统一的文化创作生产体制机制。在推进文化体制改革中，我们按照遵循社会主义先进文化发展规律、体现社会主义市场经济要求、有利于激发文化创新创造活力的原则，不断探索和完善文化管理体制和生产经营机制。党的十九届四中全会提出"建立健全把社会效益放在首位、社会效益和经济效益相统一的文化创作生产体制机制"，体现了党对新形势下文化创作生产规律的科学认识和准确把握。

为国家治理体系和治理能力现代化提供精神文化支撑

实践表明，坚持和完善繁荣发展社会主义先进文化的制度，充分发挥其广泛凝聚人民精神力量的治理效能，能够进一步增强文化自信，为国家治理体系和治理能力现代化提供精神文化支撑。

巩固全党全国人民团结奋斗的共同思想基础。毛泽东同志指出："马克思列宁主义的基本原则，就是要使群众认识自己的利益，并且团结起来，为自己的利益而奋斗。"鸦片战争后特别是中国共产党成立后，中国人民越来越清楚地认识到唯有团结奋斗才能改变受压迫受剥削的命运。坚持以马克思主义为指导，中国人民在中国共产党的领导下，彻底改变了一盘散沙的状态。实践证明，马克思主义是指导中华民族实现伟大复兴的科学理论。当代中国正经历着我国历史上最为广泛而深刻的社会变革，正在进行着人类历史上最为宏大而独特的实践创新。面对社会利益关系多样化，我们党用中国梦这个中华民族团结奋斗的最大公约数凝心聚力；面对社会思潮多样化，我们党牢牢掌握意识形态工作领导权，着力建设具有强大凝聚力和引领力的社会主义意识形态；面对网络舆论新形势，我们党着力构建全媒体传播体系、建立健全网络综合治理体系，营造风清气正的网络空间。始终坚持以马克思主义特别是当代中国马克思主义、二十一世纪马克思主义武装全党、教育人民，在多元中立主导、在多样中谋共识、在多变中把方向，巩固了全党全国人民团结奋斗的共同思想基础。

提升全体社会成员的思想道德素质。精神文化生活是人类生活的重要组成部分，思想道德水平是人类发展水平的重要表现。我们党历来高度重视社会思想道德建设，倡导"五讲四美三热爱"、做"四有"新人，有序推进各类群众性精神文明创建活动。党的十八大以来，以习近平同志为核心的党中央大力加强社会主义核心价值观建设，坚持德法相济、协同发力，把道德导向贯穿法治建设全过程，取得显著成效。爱国主义、集体主义、社会主义思想广为弘扬，全国文明城市、全国文明单位不断涌现，时代楷模、英雄模范层出不穷，尊老爱幼、见义勇为、救死扶伤蔚然成风，全社会文明程度显著提升，彰显了制度的导向、激励、规范作用。

不断满足人民精神文化生活新期待。我们党高度重视人民精神文化生活质量，坚持用制度保障人民文化权益。随着经济社会发展和物质生活水平提高，人民群众对精神文化产品的结构、质量、品位、风格等方面的要求越来越高。精神文化产品需求的新变化，必然要求不断健全人民文化权益保障制度，建立健全把社会效益放在首位、社会效益和经济效益相统一的文化创作生产体制机制。《中华人民共和国公共图书馆法》《中华人民共和国电影产业促进法》等法律法规的制定和实施，在满足人民精神文化生活需要方面发挥着重要作用。这些制度的实施，助推文化事业、文化产业蓬勃发展。文化基础设施不断完善，群众文化生活日益丰富多彩，文化产业不断以高质量文化供给增强人们的文化获得感幸福感。人民群众在精神文化生活得到满足的同时，思想觉悟、道德水准、文明素养大幅提升，积聚起向上向善、自信自强的精神力量。

促进全体人民在思想上精神上紧紧团结在一起

当今世界正经历百年未有之大变局，实现中华民族伟大复兴的中国梦正处于关键时期，尤须坚持和完善繁荣发展社会主义先进文化的制度，巩固全体人民团结奋斗的共同思想基础。

坚持发挥优势与补齐短板相结合。党的十九届四中全会提出，着力固根基、扬优势、补短板、强弱项，构建系统完备、科学规范、运行有效的制度体系。就繁荣发展社会主义先进文化的制度而言，需要坚持以人民为中心的工作导向，坚持文化建设方面的根本制度、重要制度，充分发挥其在把方向、固基础、聚民心等方面的优势。着力补齐体制机制方面的短板，更好保障人民文化权益，切实提高全社会文明程度。

坚持不忘本来与面向外来相结合。中华优秀传统文化蕴含着千百年来中华民族的思想观念和价值追求，是中华民族生生不息、发展壮大的丰厚滋养和精神动力。繁荣发展社会主义先进文化，构建中华民族的精神家园，要善于继承和弘扬中华优秀传统文化，从中汲取历史智慧和经验，并结合新的时代条件推动中华优秀传统文化创造性转化、创新性发展，筑牢我们在世界文化激荡中站稳脚跟的根基。同时，坚持以我为主、为我所用，取其精华、去其糟粕，善于融通国外各种有益的思想文化资源，吸收借鉴人类创造的一切优秀文明成果，使繁荣发展社会主义先进文化的制度在自我完善和发展中不断增强生命力和优越性。

坚持不断完善与严格执行相结合。繁荣发展社会主义先进文化的制度涵盖多个方面,是一个有机的制度体系。坚持和完善这一制度体系,必须通盘考虑、整体谋划,打好协同的"组合拳"。制度的生命力在于执行。需要在推进制度不断完善和发展的同时,严格执行制度,使其真正落地生根。在准确把握制度的丰富内涵和发展规律的基础上,把我国制度优势更好转化为治理效能,更好凝聚思想共识、营造文化氛围,促进全体人民在思想上精神上紧紧团结在一起。

《人民日报》(2020年4月24日)

★ **拓展阅读**

发展中国文化的基本要求

发展中国特色社会主义文化,就是以马克思主义为指导,坚守中华文化立场,立足当代中国现实,结合当今时代条件,发展面向现代化、面向世界、面向未来的,民族的科学的大众的社会主义文化,推动社会主义精神文明和物质文明协调发展。这明确了发展中国文化、建设社会主义文化强国的基本要求:以马克思主义为指导、坚守中华文化立场、立足当代中国现实、结合当今时代条件。

以马克思主义为指导。马克思主义是我们立党立国的根本指导思想,也是我们推进文化建设的根本指导思想。党的十九大报告对推进社会主义文化建设作出战略部署,包括牢牢掌握意识形态工作领导权、培育和践行社会主义核心价值观、加强思想道德建设、繁荣发展社会主义文艺、推动文化事业和文化产业发展等。无论哪一方面的工作,都必须始终坚持以马克思主义为指导。例如,牢牢掌握意识形态工作领导权,就要巩固马克思主义在意识形态领域的指导地位,推进马克思主义中国化时代化大众化,建设具有强大凝聚力和引领力的社会主义意识形态,使全体人民在理想信念、价值理念、道德观念上紧紧团结在一起。实践证明,只有坚持以马克思主义为指导,文化建设才能始终保持正确方向,为党和人民事业发展提供强大精神力量。新的征程上,发展中国文化、建设社会主义文化强国,在坚持以马克思主义为指导这一根本问题上必须旗帜鲜明,任何时候任何情况下都不能有丝毫动摇。如果放弃了马克思主义的指导,文化建设就会失去方向甚至误入歧途。

坚守中华文化立场。中国文化深深植根于博大精深的中华优秀传统文化的沃土,深深植根于中国特色社会主义伟大实践,体现出鲜明的中华文化立场。坚守中华文化立场,是发展中国文化的必然要求,也是中国文化在世界文化激荡中站稳脚跟、具有重要影响力的根本要求。坚守中华文化立场,首先必须坚定文化自信。文化自信是更基本、更深沉、更持久的力量。没有坚定的文化自信,不可能真正坚守中华文化立场。我们要把坚定文化自信、坚守中华文化立场体现在建设社会主义文化强国的方方面面,让世界知道中华民族的文化精神、文化追求、文化担当。

立足当代中国现实。当代中国现实属于客观实际和社会存在的范畴,而中国文化属于主观认识和社会意识的范畴。因此,发展中国文化必须立足当代中国现实。立足当代中国现实,关键是要深刻认识中国特色社会主义进入了新时代。发展中国文化、建设社会主义文化强国,必须立足新时代这一我国发展新的历史方位,全面反映新时代中国特色社会主义的发展,不断满足新时代人民对精神文化生活提出的更高要求。立足当代中国现实，通过文化建设让世界更好了解"发展中的中国""开放中的中国""为人类文明作贡献的中国"。

结合当今时代条件。当今时代，具体到文化发展来说，就是世界上各种思想文化相互激荡，交流交融交锋更加频繁，文化在综合国力竞争中的战略地位进一步凸显。而一些西方发达国家利用长期存在的文化话语权优势对发展中国家进行文化渗透，企图通过"文化霸权主义"等维护旧的世界文化格局。与此同时，科技进步、文化产业兴起等都给文化发展提供了新的机遇。建设社会主义文化强国，必须结合当今时代条件，深刻把握文化发展趋势，使中国文化始终反映时代精神、体现时代要求。

文化自信

文化自信方能文化自强

当今世界，文化软实力之争空前激烈。顺应这一大潮流、大趋势，我国提出了增强文化软实力、建设社会主义文化强国的战略任务。实践表明，文化强国建立在自信自觉的思想基础上，有文化自信方能成就文化自强。

文化是一个民族和国家千百年来的思想积淀，是其生产生活方式的精神升华，是一个民族和国家有别于其他民族和国家的"基因身份证"。从心理归属上看，文化是一个民族和国家的精神家园。文化能担当起这一使命的法宝在于其独特性，即每一种文化与其他文化均不尽相同，这一不同让一个民族立身于世界民族之林。中华民族与西方民族的差别绝不只体现在黑眼睛黄皮肤上，更体现在五千多年中华文化独特的灿烂与辉煌。如果失去了这种独特性，就意味着失掉了内聚力和进一步繁荣发展的动力。因此，从某种意义上说，文化是每个民族和国家的生命体现，否定自己的文化就等于否定自己的生命。这不仅是文化发展的理论逻辑，也是文化发展的历史逻辑与实践逻辑，文化自信体现的正是对这一逻辑的遵循。

从现实情况看，丧失文化自信、丢弃"自家宝"，就容易落入西方"普世价值"的陷阱，从而我们的历史和实践乃至道路、理论、制度都会遭到别人的污蔑、羞辱、打击，甚至会面临自我怀疑、自我否定和唾弃。现在社会上一些错谬观念的流行，说到底是文化不自信的表现。例如，西方捅出"篓子"是一不留神马失前蹄，中国出点问题则是制度体制积重难返，西方的成功是制度文明进步使然，中国的成功则是侥幸偶然搭便车等，都体现了一种文化上的自卑心态。这种心态从反面表明：在文化软实力和综合国力竞争日益激烈的当今世界，我们更应树立和增强文化自信，呵护我们的价值追求、捍卫我们的理想信念。

讲文化自信不是想当然，更不是一厢情愿。中华文化源远流长、兼容并蓄、与时俱进，让我们有资格自信。中华文化博大精深、璨若星辰，不仅哺育着中华民族，也滋养着世界。当世界面对越来越严峻的环境问题时，中华文化"天人合一"的整体性思维可为人类修复自己的家园送上一剂良方；当世界因各种利益纠纷与冲突而可能擦枪走火时，中华文化"协和万邦"

的世界观恐怕是实现各得其所的最佳选择;当西方社会越来越沉湎于社会发展方式"唯一解"的时候,中华文化"和而不同"的价值观表明世界还有别样的可能性、别样的精彩。

中华文化五千余年的演进是一部"有容乃大"的发展史。它在广泛的文化交流中不断学习他人的好东西,并将其变成自己的东西,形成我们的民族特色,让中国更独立、更强壮。佛教本是印度文化的瑰宝,中华文化把它"化"为中国佛教,其气象境界焕然一新;马克思主义、社会主义诞生于西方社会,我们把它"化"为中国的马克思主义,中国特色社会主义在华夏大地大放异彩。有了这种"兼容并蓄、海纳百川"的品格,还有什么样的文明成果不能在中华文化中实现创造性转化、创新性发展呢?

我们不应把中华文化狭义地理解为中国传统文化。实际上,中华文化是涵盖过去、现在、未来的一个动态概念,不仅包括过去5000多年文化的灿烂,也意指今日中国文化的繁荣,更要求未来中国文化的辉煌与复兴。180多年来的伟大抗争精神,100多年来的红色精神,40多年来的改革开放精神,以至于迈向中华民族伟大复兴的雄心壮志,皆备于我。我们应秉持这样的视域和胸襟来树立和增强文化自信,进而不断推进社会主义文化强国建设。

中华优秀传统制度文化的特质

郭齐勇

习近平总书记指出:"要加强对中华优秀传统文化的挖掘和阐发,使中华民族最基本的文化基因与当代文化相适应、与现代社会相协调,把跨越时空、超越国界、富有永恒魅力、具有当代价值的文化精神弘扬起来。"中华优秀传统文化中有着丰富的典章制度,涉及社会规范、文化制度、刑罚政令、行为方式等方面,蕴含着许多具有重要借鉴意义的优秀传统制度文化,今天仍然具有调治人心、惩恶扬善、保护生态等价值。科学把握中华优秀传统制度文化的特质,从中汲取制度建设、道德建设的丰富养分,有助于坚持和完善中国特色社会主义制度、推进国家治理体系和治理能力现代化。

中华优秀传统制度文化具有因革损益、与时偕行的特质。社会的合理构成和有序运转,离不开健康的社会关系作为纽带,而健康社会关系的形成和维系离不开制度的保障。中国传统社会秩序建构的制度依据是礼法，在中华传统制度文化演进中礼法也在不断变革与发展。

早在几千年前，我国先民就提出了"周虽旧邦，其命维新"。这种创新精神，集中反映在我国古代不同时期关于礼法的不断认识上。广义上讲，礼法是礼乐刑政的统称，具有整饬社会秩序、维护长幼之序、节制骄奢淫逸等作用。而在不同历史时期，人们关于礼法的认识不尽相同。周公因应当时社会需要，增删和厘定夏、商两代的典章制度制礼作乐。孔子不固执于过时的礼，主张因革损益，力图拯救礼乐中所包含的道德精神，强调仁德是礼乐制度的真实内涵与精神。孔子并不排斥礼的规范意义，同时反对拘守礼文仪节。他说："君子义以为质，礼以行之，孙（逊）以出之，信以成之。"其大意是说，义在内，礼在外；仁义是内容，礼文是形式。以孔子为代表的儒家学说，主要思想是"仁义"和"仁政"学说。

在儒家看来，人们正当的物质欲求应当得到满足，但在一定历史时期内，社会物质财富是有限的，这就需要礼制来调节社会秩序，维系社会正常运转。荀子认为，人们的物质欲求需要社会规范加以调节、疏导、约束，才不至于造成纷争混乱，而礼制的目的在于安定人心，实现社会的秩序化。他强调，制度建设同其他许多事务一样，需要根据时代和实际的发展变化而改革创新。他说："夫道者，体常而尽变，一隅不足以举之"。这不仅讲明了体常与尽变的联系，而且揭示了守正与创新的关联。

我国古代政治制度的发展也是如此。2018年，中共中央政治局就中国历史上的吏治举行集体学习，习近平总书记在主持学习时强调:"我国历朝历代都重视官吏选拔和管理,强调'为政之要,惟在得人'、'育才造士,为国之本'。我国古代吏治思想和做法既积累了丰富的治吏经验,也带有明显的历史局限,其中有不少封建糟粕,这是我们必须注意的。"以历史上选拔人才的制度变迁史为例。孔子的"有教无类""举贤才"理念,集中表达了民间从教育开放到政治开放的心声。汉代选拔人才,以荐举制取代世袭制,以察举、征辟诠选制度选拔德才兼备的人才,在一定程度上满足了当时社会的需求。但荐举制也有局限性,而且这种局限性愈到后期愈加明显。魏晋南北朝时期改为九品中正制,这一制度把选才权收归朝廷,把人才分为九等,选才标准规范、缜密,在当时具有积极意义。然而,东晋之后,这一制度弊病日深,门阀世族把持、垄断选举,庶族寒门子弟无缘仕途,使得此制度逐渐走向反面。到隋唐时代推行科举制,就是通过考试选拔官吏,采用分科取士的办法,考生自由报名,布衣之士有了为官的机会。从隋代到清代的1300多年间,科举制选拔出大量文武官员与后备人员,给社会与国家治理队伍注入活力。但自明代后期至清代,科举制运作逐渐僵化,于清代末期被废除。

中华优秀传统制度文化具有礼治与法治相统一的特质。礼治主要是道德规范,法治主要指刑罚。在我国传统社会治理中,礼治重在防患于未然,法治则重在事后惩戒,即"礼者禁于将然之前,而法者禁于已然之后"。

礼治与法治相统一,主要体现在"以礼入法"上。我国古人之所以强调礼治与法治相统一,是基于重道德教化、重调治人心的考虑。礼中蕴含和谐、亲民、仁爱、慈惠的精神,体现和而不同的理念。

我国历史上成文法的公布，一般以春秋时期郑国的"铸刑书"和晋国的"铸刑鼎"为标志，而其滥觞可溯源至《周礼》中记载的"悬法象魏"之制。传统礼法中，有礼典、律典、习惯法之分。《尚书》与《周礼》主要是礼典而非律典，前者大致相当于礼，后者相当于法。习惯法活跃于民间，以乡规民约、家礼家法等形式规范社会公众的日用常行，是一种无处不在、无时不有的"无法之法"。

我国古代法律系统相对独立，秦、汉以后，法典大多出于儒者手笔。法律的系统化自曹魏时期始，当时儒家思想在法律上一跃成为最高原则，与法理几乎无异。具有代表性的例子是，魏以八议入律，晋创依服制定罪，《唐律疏议》中充溢着礼的精神，后世有唐律"一准乎礼"的说法。儒家强调对人尤其是人民的尊重，其天下为公的社会理想，与仁爱、民本、民富、平正、养老、恤孤、济赈、民贵君轻、兼善天下等思想理念，都渗透到古代社会治理各种制度中，对于今天社会治理仍有一定启发意义。

《人民日报》（2021年4月22日）

★ **拓展阅读**

人类文明发展的历史规律

孟子说过,"物之不齐,物之情也"。文明多样性是客观存在的。当今世界有70多亿人口、200多个国家和地区、2500多个民族、5000多种语言。世界各国各地区各民族的人们,由于所处地域和国家自然条件、社会条件的不同,在长期的生产生活实践中创造了各具特色、异彩纷呈的各种文明。世界上各种文明都需要在交流中互学互鉴,既促进各自发展,又取得共同进步。这是一种文明保持自尊、自信、自立的重要条件,也是整个人类文明能够持续发展繁荣的秘诀所在。任何一种文明,不管它曾经如何辉煌,如果故步自封、封闭排外、不思进取,必然会陷入僵化、失去活力、走向衰败。

文明因多样而交流,因交流而互鉴,因互鉴而发展。这是人类文明发展的历史规律。不同文明与其他一切不同事物一样,处于一个统一体中,既相互矛盾对立,又相互包容统一,并经过相互比较与交融、相互学习与竞争,实现新的转化,实现革故鼎新、与时俱进。

每一种文明都应遵循这一历史规律而保持其发展的生机活力；如果违背这一历史规律，就会失去生机活力而走向衰亡。

构建人类命运共同体，昭示了世界人民的共同理想和人类社会的光明前途。人类只有一个地球，各国共处一个世界。当前，世界多极化、经济全球化、社会信息化、文化多样化深入发展，和平、发展、合作、共赢是各国人民的人心所向，是世界发展的大势所趋。与此同时，当今世界面临的不稳定性不确定性日益突出，推进人类和平与发展的崇高事业任重而道远。面对错综复杂的国际形势和前所未有的挑战，没有任何一个国家可以独善其身，也没有任何一个国家可以独自应对。各国各民族各种文明只有携起手来，加强交流合作、深化互学互鉴，不断发掘、利用人类已经积累和正在创造的一切优秀文明成果，特别是其中蕴含的启示、智慧与经验，致力于改善全球治理和建立更加公正合理的国际新秩序，致力于构建人类命运共同体，才能有效应对并化解挑战与难题，开创世界和平发展与人类文明进步的美好未来。

深化文明交流互鉴，构建人类命运共同体，必须秉持正确的态度和原则，反对错误的态度和做法。要坚持相互尊重、平等相待，坚持美人之美、美美与共，坚持开放包容、互学互鉴，坚持与时俱进、创新发展。这"四个坚持"，昭示了深化文明交流互鉴应坚持的基本原则。坚持这些基本原则，就要反对孤芳自赏、唯我独尊，搞"文明优越论"；反对封闭隔阂、相互对抗，搞"文明冲突论"；反对故步自封、僵化保守，搞"文明终结论"。

"文明优越论"者认为，文明之间有高低贵贱、优越落后之分，因而不可能平等相待、平等共存;"文明冲突论"者认为,多种文明不可能和谐相处,必然发生冲突和对立;"文明终结论"者认为,世界文明发展到了某一种文明已经"登峰造极",不可能再有什么新的文明超过它。这三种论调本质上是一样的,都是将自己的文明定为一尊,"独此一家、别无分店"。在持有这些论调的人们眼中,文明不是平等的,而是分等级、有高下的,认为只有自己的文明才是"优越""高等"的文明,别人的文明都是"低劣"的文明,应该放弃自身的独立存在和发展,向他们这种所谓"优越""高等"的文明看齐,多向变为单向、多元变为单一,统统归属于他们的主宰之下,似乎只有在这样的"文明世界"里才不会发生冲突。

这些论调当然是极其错误的,是完全站不住脚的,因为它们在迄今为止人类认识的长河中没有任何理论依据,在迄今为止人类社会发展的历程中也没有任何事实依据。如同太阳光是七色的、自然界是万紫千红的一样,人类文明和整个世界从来都是多彩多姿的。人类文明发展的历程表明,不同民族、不同国家、不同类型的文明,从来都是努力排除各种困难和障碍,实现相互传播、相互交流、相互学习并相互影响的,而且在相互比较、借鉴、融合的历史过程中通过取长补短、去粗取精,发展各自的优势并促进共同进步,形成了和而不同、并存共处的局面。任何一种文明从它产生的那一天起,所发挥的作用和作出的贡献对人类文明进步都是不可或缺的。任何一种文明不管它产生和存在于何时何地、是哪个民族哪个国家创造的、属于何种类型何种形态,都是人类文明的重要组成部分,构成了人类文明各具特色、丰富多彩的源与流;它们的产生与存在,只有时间先后、地域方位及其所属的社会形态、社会发展阶段之分，而没有孰贵孰贱之别。"文明优越论""文明冲突论""文明终结论"等错误论调并不是什么新鲜货色，在世界上早已有之，早被归入历史的文化垃圾堆。

构建人类命运共同体的进程中，亚洲各国完全有基础、有条件，更有信心、有能力先行一步，以共建亚洲命运共同体的实际行动推动构建人类命运共同体，为构建人类命运共同体积累有益经验、打下重要基础。这是因为，亚洲是人类最早的定居地之一，也是人类文明的重要发祥地。从公元前数千年起，生活在底格里斯河—幼发拉底河、黄河—长江、印度河—恒河等流域的人们就开始了农业耕作，并在农业经济的基础上立家、立族、立邦、立国，形成了交相辉映的几大古文明。在数千年发展历程中，亚洲人民创造了璀璨的亚洲文明，谱写了亚洲文明发展史诗，丰富了世界文明宝库，为整个人类文明发展进步作出了不可磨灭的贡献。

在亚洲文明发展历程中，有三个方面的鲜明特点深深镌刻在世界文明发展的历史长卷中。一是亚洲各地区的文明很早就开始了交流互鉴活动，并形成贯穿亚欧大陆、绵延两千多年的丝绸之路、茶叶之路、香料之路等古老商路，推动了亚洲文明的发展进步；二是亚洲尤其是中国、印度等国家的经济文化与科学技术发展在历史上长期处于世界领先地位，形成一大批曾经领先世界的文明成果，这些文明成果西传，曾对欧洲文艺复兴运动的发生和欧洲资产阶级革命、工业革命的兴起，从思想文化和经济技术上提供了重要条件；三是亚洲人民经过几千年的生产生活实践，在认识和处理人与自然、人与社会、民族与民族、国家与国家等关系中,创造和积累了和而不同、和合一体,实事求是、与时俱进,克勤克俭、自立自强,重视集体、克己奉公,德法并用、标本兼治,亲仁善邻、和平相处,诚敬为本、互尊互信,义利结合、互惠互赢,开放包容、互学互鉴等独具特色和魅力的亚洲价值、东方智慧,深刻地影响着世界文明的发展进程。

回望历史,亚洲各国各民族人民应该拥有坚定的文明自信。我们曾经在历史上铸就了光耀千秋的成就,也经历了被殖民掠夺和侵略的相似历史遭遇,经过抗争和奋斗,我们都挺过来、站起来、发展起来了,正在为世界发展和人类文明进步作出新的贡献。展望未来,全亚洲人民普遍期待建设一个和平安宁、共同繁荣、开放融通的亚洲。我们应顺应这种期待,把握大势、乘势而上,坚定文明自信、深化文明交流互鉴,努力把亚洲人民对美好生活的向往变成现实,共建你中有我、我中有你,命运相连、休戚与共的亚洲命运共同体,力争为构建人类命运共同体树立一个可资借鉴的先行范例。这一光荣的时代使命应该实现,也一定能够实现。

中华文明是在同其他文明不断交流互鉴中形成的开放体系。从历史上的佛教东传、"伊儒会通",到近代以来的"西学东渐"、新文化运动、马克思主义和社会主义思想传入中国,再到改革开放以来全方位对外开放,中华文明始终在兼收并蓄中历久弥新。

在亚洲文明、世界文明的谱系中,中华文明具有鲜明特性和独特价值,是在同其他文明进行交流互鉴中不断形成和发展起来的文明体系。千百年来,中华文明积极同周边和世界其他地区的文明进行交流互鉴，面对外来的各种文化和文明，保持开放包容而不丧失自我、兼收并蓄而不囫囵吞枣、积极借鉴而不照抄照搬，能够结合中国的具体情况和实际需要，有所鉴别有所分析地取人之长补己之短，因而能够不断地丰富和发展自己。不仅如此，在交流互鉴、发展自己的过程中，中华文明还形成并保持着亲仁善邻、协和万邦的一贯处世之道，惠民利民、安民富民的鲜明价值取向，革故鼎新、与时俱进的永恒精神气质，道法自然、天人合一的内在生存理念等鲜明特性和独特价值。正是由于具有这些鲜明特性和独特价值，中华文明才能够并善于在继承创新中不断发展、在交流互鉴中不断提高、在应时处变中不断升华，从而历经几千年而从未中断，不断续写自己新的历史辉煌。

今天的中华文明展现出更具活力、更有自信、更加开放的姿态。从根本上说，这是由于近一个世纪以来中国共产党带领中国人民，将中华文明、中华文化与马克思主义相结合而产生的磅礴力量所形成和造就的。十月革命一声炮响，给中国人民送来了马克思列宁主义，使中国革命的面貌焕然一新。随后成立的中国共产党，将马克思主义确定为自己的指导思想，并将马克思主义基本原理同中国具体实际相结合，团结带领中国人民进行了长期的艰苦卓绝的伟大社会革命。这一伟大社会革命还将持久地在中国大地上进行下去。正是通过这一伟大社会革命，中国人民迎来了从站起来、富起来到强起来的伟大飞跃。其中值得一提的是，中国共产党人把马克思主义基本原理同中华文明、中华文化的鲜明特性与独特价值有机结合，形成了指导中国特色社会主义建设的重要思想和方针政策。例如，把马克思主义关于主观与客观、认识与实践的辩证统一观点与中华文明革故鼎新、与时俱进的精神气质相结合，形成实事求是的思想路线；把马克思主义的群众观点与中华文明天下为公、以民为本思想相结合，提出全心全意为人民服务、以人民为中心；把马克思主义关于处理好人与自然关系的思想与中华文明道法自然、天人合一的生存理念相结合，形成社会主义生态文明建设思想；把马克思主义关于处理国家关系的思想与中华文明亲仁善邻、协和万邦的处世之道相结合，形成独立自主的和平外交政策；等等。

中国共产党人坚持把马克思主义与中华文明、中华文化在中国大地上、在中国人民的实践中不断结合并取得成功，是世界文明交流史上的光辉典范，充分证明一个国家悠久的本土文明与外来的先进文明是可以成功结合并产生出新的优势和新的力量的。当今时代我们坚持和发展中国特色社会主义所形成的文明，是在对中国历史文明进行创新性继承和发展、对世界上一切进步文明进行创新性吸取和运用的基础上开创和发展起来的。它以自身的价值和力量，屹立于世界文明的百花园中，正在并将继续为世界发展和人类文明进步提供可资借鉴的中国智慧和中国方案。